信阳师范大学商学院学术文库

自适应统计质量控制图经济设计与设备维护管理研究

万 强◎著

中国财经出版传媒集团
经济科学出版社
Economic Science Press
·北 京·

图书在版编目（CIP）数据

自适应统计质量控制图经济设计与设备维护管理研究／万强著. -- 北京：经济科学出版社，2023. 9
ISBN 978 - 7 - 5218 - 5226 - 4

Ⅰ. ①自… Ⅱ. ①万… Ⅲ. ①数理统计-应用-工业设备-设备管理-研究 Ⅳ. ①F406. 3

中国国家版本馆 CIP 数据核字（2023）第 189390 号

责任编辑：顾瑞兰
责任校对：杨 海
责任印制：邱 天

自适应统计质量控制图经济设计与设备维护管理研究
万 强 著
经济科学出版社出版、发行 新华书店经销
社址：北京市海淀区阜成路甲 28 号 邮编：100142
总编部电话：010 - 88191217 发行部电话：010 - 88191522
网址：www. esp. com. cn
电子邮箱：esp@ esp. com. cn
天猫网店：经济科学出版社旗舰店
网址：http：//jjkxcbs. tmall. com
固安华明印业有限公司印装
710 × 1000 16 开 12. 5 印张 180000 字
2023 年 9 月第 1 版 2023 年 9 月第 1 次印刷
ISBN 978 - 7 - 5218 - 5226 - 4 定价：56. 00 元
（图书出现印装问题，本社负责调换。电话：010 - 88191545）

总　序

商学院作为我校 2016 年成立的院系，已经表现出了良好的发展潜力和势头，令人欣慰、令人振奋。学院办学定位准确，发展思路清晰，尤其在教学科研和学科建设上成效显著，此次在郑云院长的倡导下，拟特别资助出版《信阳师范学院商学院学术文库》，值得庆贺，值得期待！

商学院始于我校 1993 年建设的经济管理学科。从最初的经济系到 2001 年的经济管理学院、2012 年的经济与工商管理学院，发展为 2016 年组建的商学院，筚路蓝缕、栉风沐雨，凝结着教职员工的心血与汗水，昭示着商学院瑰丽的明天和灿烂的未来。商学院目前拥有河南省教育厅人文社科重点研究基地——大别山区经济社会发展研究中心、理论经济学一级学科硕士学位授权点、工商管理一级学科硕士学位授权点、理论经济学河南省重点学科、应用经济学河南省重点学科、理论经济学校级博士点培育学科、经济学河南省特色专业、会计学河南省专业综合改革试点等众多科研平台与教学质量工程，教学质量过硬，科研实力厚实，学科特色鲜明，培养出了一批适应社会发展需要的优秀人才。

美国是世界近现代商科高等教育的发祥地，宾夕法尼亚大学于 1881 年创建的沃顿商学院是世界上第一所商学院。我国复旦公学创立后在 1917 年开设了商科。改革开放后，我国大学的商学院如雨后春笋般成立，取得了可喜的研究成果，但与国外相比，还存在明显不足。我校商学院无论是与国外大学还是与国内大学相比，都是“小学生”，还处于起步发展阶段。《信阳师范学院商学院学术文库》是起点，是开始，前方有更长的路需要我们一起走过，未来有更多的目标需要我们一道实现。希望商学院因势而谋、应势而动、顺势而为，进一步牢固树立“学术兴院、科研强院”的奋斗目标，走内涵式发展之路，形成一系列有影响力的研究成果，在省内高校起带头示范作用；进一步推出学术精品、打造学术团队、凝练学术方向、培育学术特色、发挥学术优势，尤其是培养一批仍处于“成长期”的中青年学术骨干，持续提升学院发展后劲并更好地服务地方社会，为我校实现高质量、内涵式、跨越式发展，建设更加开放、充满活力、勇于创新的高水平师范大学的宏伟蓝图贡献力量！

“吾心信其可行，则移山填海之难，终有成功之日；吾心信其不可行，则反掌折枝之易，亦无收效之期也。”习近平总书记指出，创新之道，唯在得人。得人之要，必广其途以储之。我们希望商学院加快形成有利于人才成长的培养机制、有利于人尽其才的使用机制、有利于竞相成长各展其能的激励机制、有利于各类人才脱颖而出的竞争机制，培植好人才成长的沃土，让人才根系更加发达，一茬接一茬茁壮成长。《信阳师范学院商学院学术文库》是一个美好的开始，更多人才加入其中，必将根深叶茂、硕果累累！

让我们共同期待！

前言

随着科学技术和服务技术的快速发展以及人们对于高品质生活的不断追求，企业提供的产品和服务如果没有过硬的质量保证就很难在当下激烈竞争的全球化市场中立足。因此，探究如何高效地管理企业生产和服务过程质量一直是业界和学界关注的焦点。统计过程控制（statistical process control，SPC）是一种应用统计技术对生产和服务过程中各个阶段进行检测和评估，建立并保持过程处于可接受的稳定的水平，从而保证产品与服务符合规定要求的质量管理技术。SPC 使用中所遵循的预防原则是现代质量管理的核心和精髓，因此，这种技术在生产和服务领域得到了广泛应用。而统计质量控制图方法被公认为是 SPC 中一种最有效的工具，是 SPC 的技术基础和核心，也是控制质量的一种重要手段。传统休哈特控制图由于在监控生产和服务过程质量中，对过程出现的小的偏移反应迟钝，且存在容易造成监控资源浪费的缺陷，在追求精益质量管理的今天已很难适用。自适应策略（即控制图设计参数可以根据过程检测中抽取的样本信息动态调整）在控制图设计中的应用很好地解决了传统休哈特控制图的不足，因此受到很多学者的关注和研究。本书试图在已有研究工作的基础上，对自适应控制图设计作进一步的研究探讨。

维护管理是企业依据其生产经营目标，动员全体成员参加，通过各种技术、经济、管理手段的相互配合；是包括企业生产产品的设施、系统，即产品在内的实体，在寿命周期内保持或恢复自身功能的综合管理学科。其中，设备维护管理作为保证产品和服务质量过程中另一种常用的方法和手段，同SPC在过程质量控制中存在着相互补充、互为强调的密切关系。这是因为，一方面，设备运行状况会直接影响生产或服务过程中产出产品或提供服务的质量，而产品和服务的质量可以通过控制图工具反映，进而可以为设备维护管理的实施提供信息支持；另一方面，维护管理可以改进设备的性能表现，从而确保生产产品和提供服务的质量。因此，本书将设备维护管理和统计质量控制图设计结合起来研究符合逻辑且十分必要。但在实际应用和文献研究中，学者们往往将它们独立开来，分别研究。本书也将对设备维护管理与控制图的集成设计作一些探讨。

本书的研究内容和主要研究结论概括如下。

第1章，绪论。本章主要阐释了本书的研究背景与研究意义，指出了本书的研究内容以及可能的创新点，确定了本书的研究思路与基本方法。

第2章，文献综述。本章从自适应设计策略、SPC与维护管理集成研究、服务中控制图的应用三个方面对相关文献进行了梳理。通过梳理已有的相关研究成果，总结和归纳现有相关研究的局限和不足之处，进而明晰本书研究内容的落笔方向。

第3章，多重状态相依抽样策略下的自适应np控制图经济设计研究。多重状态相依抽样是一种在工业生产中广泛使用的抽样方案，由于所需抽样样本容量小、检测效率高等优点，能够有效地减少抽样所造成的浪费和对产品的破坏。但是这种抽样方案在统计质量控制图抽样方案设计中的应用尚未引起学者们的广泛关注。基于此，本章通过引入双抽样动态调整抽样时间间隔的自适应策略和多重状态相依抽样策略，对传统的休哈特控制图（以np控制图为例）作了两方面的改进：一是采用自适应设计策略使得控制图可以根据样本信息实时调整抽样策略（抽样样本容量和抽样时间间隔），提高了控制图检测能力的同时又有效避免了监控资源的浪费；二是引入多重状态相依抽样策略，克服了进程监控往往只依赖于当前抽样样本信息而忽略了历史样本信息的不足，使得控制图能够更快地监测到过程偏移。数值实验结果表明，本书所提出的控制图设计模型对于进程参数的波动具有一定的鲁棒性，相较于两类所对比的传统控制图设计方案，可以获得较大的经济成本上的节约。

第 4 章，自适应 $\overline{X}$ 合成控制图与生产设备维护管理的联合设计研究。本章在吴和斯佩丁（Wu & Spedding，2000）研究工作的基础上，对传统的 $\overline{X}$ 合成控制图作出改进，在传统的 $\overline{X}$ 合成控制图设计的基础上，增加了动态调整抽样样本容量和抽样时间间隔的自适应设计策略，以及对传统的 $\overline{X}$ 合成控制图发出信号的规则重新作了调整。经过对比研究发现，改进后的 $\overline{X}$ 合成控制图要优于传统的 $\overline{X}$ 合成控制图，能够更加快速及时地发现过程中出现的小偏移。另外，本章还将不完美维护策略与 $\overline{X}$ 合成控制图改进设计相结合，在制造业环境下建立了一个控制图—维护管理集成模型，并构造了整合模型的成本函数。通过最小化整合模型单位时间总成本得到最优的控制图设计方案和最佳的维护策略，并结合具体的数值示例对改进后的合成控制图模型和整合模型作了灵敏度分析。分析结果显示：(1) 设备维护管理和控制图设计集成模型相较于两个独立运行的模型，即设备维护管理模型和控制图模型，能够带来平均 2.64% 的成本节约；(2) 整合模型对于系统参数的波动具有鲁棒性。

第 5 章，基于属性—变量二型数据的动态 MIX S^2 控制图设计研究。静态 MIX S^2 控制图在设计中同时采用了属性型检测和变量型检测两种检测方法，具有抽样样本容量小、检测成本低以及耗时少的优点，但其对过程小漂移反应迟钝。本章通过引入联合自适应策略，对静态 MIX S^2 控制图提出改进，设计了一张动态 MIX S^2 控制图。通过比较研究发现，相较于静态 MIX S^2 控制图，动态 MIX S^2 控制图在不同过程漂移幅度下始终保持最优的统计性能，尤其当进程方差漂移幅度较小时，较大幅度提升了原静态图的统计性能。

第6章，TBE控制图与服务设施维护管理的联合优化设计研究。控制图虽然是在制造业环境下开发和使用的，但它在服务业中同样适用。本章在服务业环境下的一个M/M/1缓冲区容量有限的单服务台排队系统中尝试构建了一个维护管理和TBE控制图设计的集成方案。集成模型同时考虑了完美的被动性维护和不完美的计划性维护两种维护策略。在集成方案设计中，服务台故障间隔时间通过TBE控制图监控，服务设施故障发生后，根据TBE控制图发出的“信号”判定是否需要对设备执行被动性维护。当服务系统进入空闲状态时，系统有一定的概率进入计划性维护当中。本章通过建立模型的成本函数来验证模型的有效性，并采用RG因式分解法给出了模型的稳态分析。数值分析结果显示，在排队系统中引入控制图策略有助于系统总成本的节约，在拥塞的排队系统中，这种表现更为突出。

第7章，伯努利扫描统计量控制图与医疗服务设备维护管理的联合设计研究。本章在一个医疗服务环境下考虑了伯努利扫描统计量控制图设计和维护管理的联合设计问题。首先，介绍了医疗服务诊断前瞻性检测中伯努利扫描统计量控制图；其次，将一个特定的伯努利扫描统计量控制图引入一个M/M/1缓冲区容量无限的单服务台排队系统中，监测医疗诊断进程中事故发生强度的变化；最后，采用矩阵几何解的方法给出了模型的稳态分析，并通过数值实验分析了各系统参数变化对于可用性函数以及系统单位时间总成本的影响。

第8章，总结与展望。本章对全书的主要结果和可能的创新点进行了总结，并提出了值得进一步研究的问题。

总的来看，本书对统计质量控制图在制造业和服务业中的应用提供了一定的指导意见，同时，在一定程度上拓展了现有控制图设计问题的相关研究，有一定的理论意义。

目　录

第1章 绪 论

1.1 研究背景及研究意义

MetricStream 公司在一份披露的报告中分析指出，一家年销售额为2亿5000万美元的制造业企业因质量问题造成的不良质量成本可达年销售额的20%（MetricStream，2016）。这意味着，按一周5个正常工作日计算，该企业因质量问题而造成的损失成本约为每天10万美元。管理思想家汤姆·彼得斯（Tom Peters）曾论断，“质量等于利润”。做好质量管理，保证产品（服务）的质量对企业显得十分重要。而在整个质量控制理论发展的历程中，统计技术一直是质量管理的基本内核。由此产生的统计过程控制（statistical process control，SPC）方法作为全面质量管理中最为主要的基本工具之一，是质量控制中最常用也是最有效的一种手段，能够有效地降低成本投入、提高大批量生产的产品质量。爱德华兹·戴明（W. Edwards Deming）博士和朱兰（J. M. Juran）博士等质量专家一致认为，统计过程控制是任意一家具有质量意识的企业的基本组成部分。质量专家罗兰·伯格（Roger W. Berger）教授曾分析指出，日本在二战后迅速成长为经济强国的重要基础之一，就是对统计过程控制技术的应用。

统计过程控制的核心是统计质量控制图的使用。世界上第一张控制图——休哈特 $\overline{X}$ 控制图，是沃特·休哈特（Walter A. Shewhart）博士于1924年在基于统计学“3σ 原理”（即工序稳定状态下产品不合格品率不超过2.7‰）的基础上提出的。从质量控制理论的发展史来看，休哈特博士可以称为统计过程控制的奠基人（张公绪，2003）。控制图种类多样，它的主要优点是操作简单方便，得出的结论可以以图形的形式展示出来，这样便于更加直观地看到产品质量的预测情况，而且可以根据不同的生产环境采用不同类型的控制图。传统的休哈特控制图对于检测生产过程中出现的大的偏移、波动检出效果较好。然而，在当前生产力不断发展、高新科技不断革新的背景下，人们对产品和服务质量提出了更多、更严格的要求。例如，当下大家所熟知的6σ 法则，要求生产过程在稳定运行状态下产品不合格品率达到2PPB（parts per billion，10^{-9}）的十亿分率水平。在这样的生产环境下进行质量控制，以传统休哈特控制图为代表的统计质量控制图方法越来越表现出其局限性。因此，对控制图设计方法的创新和改进迫在眉睫！

美国国家研究委员会曾给出一份题为《振兴美国数学——90年代的计划》的报告，报告中将有关质量的统计方法列为最具研究前景的27个题目之一，并指出控制图方法“是一个迫切需要引进新思想的课题”（叶其孝，1993）。斯皮林等（Spiring et al.，1997）也在其研究中详细列出了当前控制图设计研究所面临的问题和挑战。蒙哥马利（Montgomery，2007）在其著作《统计质量控制导论》（*Introduction to Statistical Quality Control*）中介绍了控制图设计的研究趋势，并指出其中一个非常重要的研究方向就是自适应控制图的设计。传统休哈特控制图由于在实施过程中有控制限、抽样容量及抽样时间间隔等设计参数保持固定不变的特点，因此被称为 F_p（fixed parameters，固定参数）控制图，又称为静态控制图。自适应控制图则可以根据反映进程状态的样本信息动态调整控制图设计参数，从而使得控制图始终保持在最佳的检测状态。相较于原静态图，自适应控制图不仅能够提高对产品质量的检测能力，避免过多不合格产品的出现，减少由此带来的成本花费，而且还避免了检测资源的浪费，能够给企业带来效益。由于良好的性能表现，自适应控制图的设计研究引起了学者们的广泛关注。目前，文献中关于自适应控制图的设计研究大多关注单策略动态调整控制图参数的自适应控制图设计。相较于初始的 F_p 控制图，采用了动态调整的单策略设计方案的控制图大多获得了检测性能上的提升。然而，随着自适应控制图研究的深入，单策略动态调整的自适应控制图研究越来越表现出其局限性，学者们随之考虑到多策略动态调整的自适应控制图（也称为联合自适应控制图）的研究设计，这不仅拓宽了控制图的研究思路，而且使得控制图的检测能力获得进一步的提升。联合自适应策略提出较晚，在控制图的理论设计和实际应用上仍有欠缺，这方面的研究还有待丰富。

在此背景下，本书在已有研究的基础上，在第 3 章和第 4 章中分别对计数值控制图的代表——np 控制图、计量值控制图的代表——$\overline{X}$ 控制图提出改进，给出了联合自适应 np 控制图和联合自适应 $\overline{X}$ 合成控制图的设计方案；在第 5 章中设计了一张基于属性—变量二型数据的动态 MIX S^2 控制图，该控制图既保留了属性型检测成本低、耗时少的优点，又能拥有变量型抽样容量小的优势。

维护管理和统计过程控制是保证产品和服务质量的两种常用的方法和手段，两者彼此依赖，有着十分密切的联系。潘迪等（Pandey et al.，2010）指出，一方面，设备运行状况会直接影响生产或服务进程中产出产品或提供服务的质量，而产品和服务的质量可以通过控制图工具反映，进而可以为设备维护管理的实施提供信息支持；另一方面，维护管理可以改进设备的性能表现，从而确保生产产品和提供服务的质量。麦科恩等（McKone et al.，2001）同样强调，统计过程控制和维护管理在过程控制应用中有着互为强调和补充的重要关系。因此，将维护管理和控制图设计结合起来研究是非常必要且有意义的。然而在文献研究中，学者们往往将它们独立开来、分别研究，两者的结合研究相对较少（Zhou & Zhu，2008）。本书在设计联合自适应控制图的基础上，尝试建立不同类型控制图与维护管理的集成模型，并分析了整合模型相较于独立控制图模型和独立维护管理方案所带来的经济性、高效性，对两者集成的理论研究工作作了进一步的丰富。

控制图是在制造业环境下设计产生的，在制造业中的应用已十分成功，这方面的理论研究成果也十分丰硕。相较而言，控制图在服务业中的应用相对较少，研究工作也稍显不足。控制图可以应用于服务业，其中的关键是确定适宜的、可监控的质量指标（埃文斯和林赛，2010）。在很多情况下，服务业不同于制造业的一点是，服务业中没有“样品”“抽样”的概念，因此常规的休哈特控制图很难在服务业中得到适用。如何设计一张适用于服务业的控制图？控制图在服务业中的应用设计又该考虑哪些因素？这些都是值得思考的问题。本书在第 6 章和第 7 章中尝试对这些问题进行了研究探讨。

1.2 主要工作及创新点

全书共分为 8 章，整体结构如图 1－1 所示。首先，本书对全书的研究背景和研究意义，以及国内外相关研究现状进行介绍。其次，在前人研究的基础上，本书以自适应控制图设计和控制图与维护管理的集成设计为研究对象，通过建立一般的数学模型，定量地对控制图及维护策略的重要参数进行优化选择，并分析各种不确定因素对于控制图最优设计策略的影响。最后，对全书进行总结以及对未来研究提出展望。

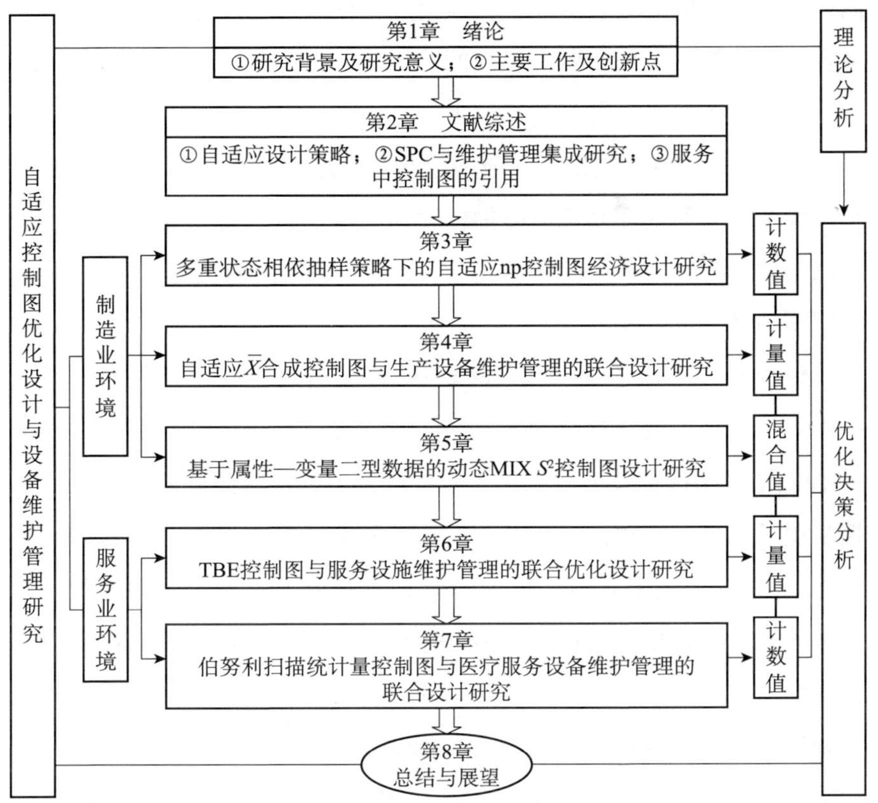

图 1－1　本书的基本框架

本书的研究工作主要从两个方面展开：一方面是控制图在制造业中的设计研究。在制造业中，控制图按产品的质量特性值类型或其统计量的不同，通常可划分为计数值控制图和计量值控制图。本书在第 3 章给出了计数值控制图的代表——np 控制图的改进设计研究；在第 4 章给出了计量值控制图的代表——$\bar{X}$ 合成控制图的改进设计及其与生产设备维护管理的联合设计研究；在第 5 章给出了计量值和计数值控制图的混合设计，提出了基于属性—变量二型数据的动态 MIX S^2 控制图设计研究。另一方面是控制图在服务业中的设计研究。虽然控制图是在制造业环境下提出和使用的，但同样能够在服务业中得到应用。服务进程不同于生产进程，没有抽样等概念，所以很多传统控制图并不适用于服务进程的监控。本书在第 6 章和第 7 章中分别介绍了两类特殊的控制图用于服务进程的监控。

本书的主要工作及创新点如下。

创新点 1：本书提出了一般的控制图改进方法，并首次在 np 控制图设计中引入双抽样动态调整抽样时间间隔的自适应策略和多重状态相依抽样策略，建立了一张自适应 np 控制图，同时构建了改进后 np 控制图的经济设计模型。

传统 np 控制图有着对于进程小偏移反应迟钝的不足，为了设计一张对于进程小偏移反应灵敏的 np 控制图，本书从三个方面对传统 np 控制图提出改进：一是采用了双抽样调整抽样时间间隔策略，使得控制图可以根据样本信息实时调整抽样策略（样本容量、抽样时间间隔等），在获取更多样本信息的同时有效避免了监控资源的浪费；二是引入多重状态相依的抽样策略，弥补了进程监控往往只依赖于当前抽样样本信息而忽略历史样本信息的不足，使得控制图能够更快地检测到进程偏移。本书采用构建马尔可夫链的方法给出了改进后 np 控制图的经济设计模型，并通过建立一个特定的遗传算法对目标函数进行优化，从而得到最优的控制图设计参数；三是结合具体的数据对控制图模型进行了全面的灵敏度分析。分析结果显示：（1）改进后的 np 控制图的统计表现和经济表现要明显优于传统 np 控制图；（2）多重状态相依抽样策略的加入有助于进一步提升 np 控制图的检测能力；（3）所建立的控制图经济设计模型对于设计参数的波动具有一定的鲁棒性。

创新点 2：一是在吴和斯佩丁（Wu & Spedding，2000）研究的基础上对 $\overline{X}$ 合成控制图提出改进，主要是在控制图设计中引入了动态调整抽样容量和抽样时间间隔的策略，得到一张自适应的 $\overline{X}$ 合成控制图。二是将改进后的 $\overline{X}$ 合成控制图与维护管理相结合，在制造业环境下建立了一个控制图——维护集成模型。

由吴和斯佩丁提出的 $\overline{X}$ 合成控制图，对进程中出现的中等偏移较为灵敏，但对进程小偏移的检测能力则稍显不足。本书在常规的 $\overline{X}$ 合成控制图的基础上，建立了一张自适应 $\overline{X}$ 合成控制图，并采用构造马尔可夫链的方法给出控制图性能表现的测算方案。另外，本书还建立了维护管理与改进后合成控制图的整合模型，在维护管理中，同时考虑完美维护和不完美维护两种维护策略，并构建整合模型的经济设计模型。最后，本书结合具体的数值例子对改进后的合成控制图模型和整合模型作了灵敏度分析。实验结果表明：（1）改进后的 $\overline{X}$ 合成控制图的统计表现要优于传统的 $\overline{X}$ 合成控制图，能够更加及时地发现进程偏移；（2）控制图——维护整合模型的使用相较于两个独立模型的使用，即维护策略模型和控制图模型，能够带来平均 2.64% 的成本节约；（3）整合模型对于系统参数的波动具有一定的鲁棒性，这在生产管理中有一定的实际意义。

创新点 3：本书在郝和奎宁（Ho & Quinino，2016）工作的基础上提出了一种基于属性—变量二型数据的动态（variable parameters，V_p）MIX S^2 控制图方案，有效提升了原静态控制图检测进程漂移的灵敏度。控制图可以归纳为两类：属性控制图和变量控制图。属性控制图是通过属性型检测调查抽样样本中的不合格品数来判断生产进程是否仍处于受控状态。变量控制图则是采用变量型检测测算产品“关键质量特性值”来判断生产进程当前所处状态。在两类控制图选择上，变量型检测相较于属性型检测更加费时且成本更高；而当检测同一幅度的进程漂移时，属性图往往需要采用更大的抽样容量才能达到和变量图相同水平的检测能力。为了在设计控制图时既能保留属性型检测成本低、耗时少的优点，又能拥有变量型检测抽样容量小的优势，本书在郝和奎宁（2016）提出 MIX S^2 控制图的基础上引入联合自适应策略，提出了一张 V_p MIX S^2 控制图。实验分析显示，相较于原图，该设计方案有效提升了检测进程小漂移的能力，且对进程参数的变动具有鲁棒性。

创新点4：在服务业环境下，本书在一个M/M/1缓冲区容量有限的排队系统中考虑TBE控制图的设计问题，并将TBE控制图设计与维护管理结合在一起，建立了一个TBE控制图——维护整合模型。在模型中，服务设施的故障间隔时间通过TBE控制图监控，在故障发生后，根据控制图信号判定是否需要对设备执行被动性维护。当排队系统进入空闲状态时，系统有一定的概率进入计划性维护当中。在维护策略和控制图的联合设计优化中，同时考虑了系统的运行成本、设备维护成本、顾客等待成本以及顾客损失成本等。书中采用RG因式分解法给出了模型的稳态分析，同时结合具体的数据对模型进行了全面的灵敏度分析。数值分析表明，在排队系统中引入控制图策略有助于节约系统总成本。相较于没有考虑TBE控制图的独立维护模型，整合模型总是能够带来成本上的节约，而且对于愈加繁忙/拥塞的服务系统，整合模型带来的成本节约比例也越大。

创新点5：本书首次考虑将伯努利扫描统计量控制图与医疗服务设施的维护管理相结合，提出了伯努利扫描统计量控制图——维护整合模型，并将一个特定的扫描统计控制图应用在一个M/M/1缓冲区容量无限的排队系统中，同时给出了整合模型的稳态分析。

本书在研究中首先给出医疗服务诊断中伯努利扫描统计量控制图的简单介绍。其次，将一个特定的伯努利扫描统计量控制图引入一个M/M/1缓冲区容量无限的单服务台排队系统中，构建了伯努利扫描统计量控制图——维护整合模型，以监测医疗诊断中事故强度的增大。本书采用矩阵几何解（matrix geometric solution）的方法给出了模型的稳态分析。最后，还建立了一个系统可用性函数，并通过数值实验分析了各系统设计参数对于系统可用性函数以及系统总成本的影响。

第2章　文献综述

本书围绕自适应统计质量控制图设计以及控制图与维护管理的集成设计而展开，接下来将对本书所涉及的自适应设计策略、SPC 与维护管理集成研究、服务中控制图的应用等几个方面进行文献梳理和研究总结。

2.1　自适应设计策略

传统的静态（F_p）控制图由于控制图设计参数在控制图实施中固定不变的特点，因而并非在任何生产过程中都是最优的。而如何使用控制图工具使得经济效益和控制图性能表现最大化，常常是生产管理者最为关心的问题。因此，改进传统控制图成为必须，其中首要考虑的因素就是要提高控制图检测效率，从而更好地保证产品质量以及降低成本投入。

佩杰（Page，1955）首次在统计质量控制图设计中加入警戒限。对于带有警戒限的控制图，在监控过程运行中，警戒区域聚集的样本点为检测提供了补充信息，所以相较于 F_p 控制图，这类控制图能够更加敏捷地捕捉到生产进程中出现的小的偏移，因此具有更高的灵敏度。2002 年，我国针对带有警戒线的控制图专门制定并实施了国家标准：GB/T 4886—2002。雷诺兹等（Reynolds et al.，1988）在带有警戒限的控制图的基础上，率先尝试将动态调整抽样时间间隔策略引入传统休哈特 $\overline{X}$ 控制图的过程均值监控中，提出了可变抽样区间的均值控制图。在此模型中，当抽样样本的均值距离控制限较近但仍落在控制区域时，则认为进程失控的可能性较大，应当在下次抽样时采用较短的抽样时间间隔；当样本均值落在控制区域且离目标均值较近时，则认为进程出现失控的可能性较低，应当在下次抽样时采用较长的抽样时间间隔。相较于 FSI（fixed sampling interval，固定抽样间隔）$\overline{X}$ 控制图，改进后的 $\overline{X}$ 控制图有效提高了原控制图对于进程中出现的小偏移的检出能力。学者们称这种根据抽样样本信息动态调整设计参数的控制图为自适应控制图。雷诺兹等的工作自此开启了自适应控制图设计的研究领域。之后，学者们又相继提出了可变抽样样本容量和可变控制限的控制图，并由此得到了一系列关于自适应控制图设计的研究成果。伍德尔和蒙哥马利（Woodall & Montgomery，1999）、塔加拉斯（Tagaras，1998）及王兆军（Wang，2002）等对自适应统计质量控制图的设计理论进行了很好的总结。

自适应控制图一般可分为四类：动态调整抽样时间间隔（variable sampling interval，VSI）控制图（简称 VSI 控制图），动态调整抽样样本容量（variable sample size，VSS）控制图（简称 VSS 控制图），动态调整控制限（variable control limit，VCL）控制图（简称 VCL 控制图）以及联合自适应控制图。下面将分别对四类自适应控制图进行文献评述。

（1）VSI 型的自适应控制图。从雷诺兹等（1988）首次在 $\overline{X}$ 控制图中加入 VSI 策略以来，VSI $\overline{X}$ 控制图的拓展研究以及 VSI 策略在其他类型的控制图中的应用研究已经取得十分丰硕的成果。白和李（Bai & Lee，1998）在雷诺兹等研究的基础上，提出了经济设计 VSI $\overline{X}$ 控制图的设计方案。相较于经济设计 FSI $\overline{X}$ 控制图，经济设计 VSI $\overline{X}$ 控制图能够大幅度降低经济成本，带来生产效益的提高。对于一张传

统的休哈特 $\overline{X}$ 控制图，文献研究通常假定进程数据独立同正态分布且进程中只可能发生一种可归因因素（assignable cause）。赛义德等（Seyed et al.，2013）弱化了这一假设，考虑了一个进程数据自相关且非正态分布的生产进程，并给出了在此背景下 VSI $\overline{X}$ 控制图的经济设计方案。但赛义德等在其研究中仍假定进程只可能出现一种可归因因素。在赛义德等研究的基础上，尼亚克等（Niaki et al.，2013）考虑了一个进程数据自相关且能够同时存在多个可归因因素的生产进程，给出了这种背景下 VSI $\overline{X}$ 控制图的经济设计方案。随着模糊理论的发展，模糊进程的监控逐渐引起了大家的关注。井（Jing，2012）采用模糊集理论和 VSI 策略提出了一张模糊 VSI $\overline{X}$ 控制图的设计方案。经过对比，他发现模糊 VSI $\overline{X}$ 控制图检测进程均值和方差偏移的性能表现要始终优于一般的 VSI $\overline{X}$ 控制图和 FSI $\overline{X}$ 控制图。

由于 CUSUM（cumulative sum）控制图和 EWMA（exponentially weighted moving average）控制图很好地解决了传统休哈特控制图对于进程小偏移不灵敏的问题，因此被公认为是两类最重要的控制图。

CUSUM 控制图。1954 年，佩杰（Page，1954）应用序贯分析理论，将一系列样本点的细微信息累积起来，提出了 CUSUM 控制图的设计方案。由于 CUSUM 控制图充分利用了样本信息，在同等抽样数量下，对进程中出现的小偏移、波动更加灵敏。但 CUSUM 控制图通常是基于一个预先设定的进程偏移大小而进行设计的，如果进程实际产生的偏移波动范围较大且未知时，传统 CUSUM 的表现就会很不理想。为了解决这一问题，雷诺兹等（1990）率先提出 VSI CUSUM 控制图的设计方案，并证明了 VSI CUSUM 控制图的检测能力要优于传统 FSI CUSUM 控制图。在雷诺兹等研究的基础上，罗等（Luo et al.，2009）将一种称为“单步预测算子”的自调整策略和 VSI 策略同时应用到 CUSUM 设计上，提出了一张新的 VSI CUSUM 控制图。对比研究表明，相较于一般的 VSI CUSUM 控制图和传统 FSI CUSUM 控制图，他们所提出的自适应 CUSUM 控制图检测性能明显提高。

EWMA 控制图。罗伯茨（Roberts，2000）利用历史样本信息与当前样本观测值的加权平均，首次提出了 EWMA 控制图的设计方案。相较于 CUSUM 控制图，EWMA 控制图的设计更加简单。EWMA 控制图面临的问题是，虽然常规的 EWMA 控制图可以快速地检测到进程中出现的小偏移，但当进程中突然出现大的偏移时，小的平滑设计参数值往往会导致 EWMA 控制图报警滞后。为了解决这一问题，萨库奇等（Saccucci et al.，1992）首次将 VSI 策略引入 EWMA 控制图的设计中，提出了 VSI EWMA 控制图的设计方案，有效地提升了 EWMA 控制图的检测能力。之后，杨和余（Yang & Yu，2009）在萨库奇等的研究中放宽了 EWMA 控制图的使用环境，考虑了一个级联过程（cascade process）下的 VSI EWMA 控制图设计方案。仇等（Chou et al.，2006）在萨库奇等研究的基础上，给出了 VSI EWMA 控制图的经济设计方案。在文献研究中，EWMA 控制图大多用于检测进程均值的变化而假定方差保持恒定。卡斯塔廖拉（Castagliola，2005）提出了一张监控样本方差变化的 S^2—EWMA 控制图。随后，在这项工作的基础上，卡斯塔廖拉等（Castagliola et al.，2011）又给出了 VSI S^2—EWMA 控制图的设计方案，并证明了 VSI S^2—EWMA 控制图对于进程失控的判定更加快速有效。

霍特林（Hotelling）T^2 控制图常被用来监控同时存在多个质量特性的生产进程。传统 T^2 控制图在过程监控中，一般假定在固定的抽样间隔时间抽取固定样本容量。它与传统休哈特控制图共有的不足是对于进程中出现的小的偏移反应迟钝。考虑到 VSI 策略的优越性，法拉兹等（Faraz et al.，2011）给出了 VSI 策略下的 T^2 控制图设计方案。他们的研究表明，VSI T^2 控制图的检测能力要优于传统的 T^2 控制图。仇等（2006）从经济的角度考虑控制图的设计，给出了 VSI T^2 控制图的经济设计方案。在仇等（2006）研究的基础上，陈（Chen，

2007）进一步假定进程受控状态下均值向量和协方差矩阵是未知的，并在这种情况下给出了 VSI T^2 控制图的经济设计方案，使得模型更加一般化。在很多情况下，仅从经济或者统计的角度考虑控制图的设计都不能很好地满足管理人员的需要，因此设计一张两者兼顾的控制图显得十分重要。法拉兹和萨尼加（Faraz & Saniga，2011）基于这种考虑，给出了 VSI T^2 控制图的经济—统计设计方案。另外，马哈迪克（Mahadik，2012）研究发现，采用了 VSI 策略的 T^2 控制图由于监控过程中抽样间隔转换频繁，常常使控制图管理上的难度大大增加。为了解决这一问题，马哈迪克提出了带有运行规则（run rules）的 VSI T^2 控制图。运行规则的加入使得控制图在进程监控中抽样策略的转换次数大大降低，同时对控制图的性能表现没有造成负面影响。

np 控制图是计数值控制图的代表，由于操作简单、便于理解的优点，在实际生产实践中广泛使用。但类似于其他传统休哈特控制图，传统的 np 控制图对于进程中不合格品率小的偏移也反应迟钝。沃恩（Vaughan，1993）首次提出了 VSI np 控制图的设计方案。相较于 FSI np 控制图，VSI np 控制图大大提升了 np 控制图的检测能力。

除了上面所介绍的几类控制图，VSI 策略还被广泛地应用在其他控制图设计中，如贝叶斯控制图（Naderkhani & Makis，2016）、Run Sum 控制图（Chew et al.，2015）、CCC（cumulative count of conforming）控制图（Liu et al.，2006）等。与 FSI 控制图相比，VSI 控制图具有较高的抽样频率，往往能够更加及时地发现进程出现的偏移，因而提高了控制图的检测能力。但在一些生产进程中，动态调整进程抽样时间间隔比较困难，频繁地抽样也使控制图管理难度大大增加。面对这些问题，一个可行的解决办法是适当增加抽样样本的容量，通过获得更多的样本信息提高控制图的检测能力。基于此，学者们提出了 VSS 型的自适应控制图。

（2）VSS 型的自适应控制图。VSS 策略即是在过程监控中可以根据抽样样本信息动态调整控制图抽样样本容量。在实施过程中，一般至少有两种类型的样本容量方案可以选择。伯尔（Burr，1969）在 1969 年首次提出在控制图设计中引入 VSS 抽样策略的设计方案。之后，这一设计理念被很多学者效仿，VSS 策略在控制图设计中也得到广泛使用。

布拉格等（Prabhu et al.，1993）和科斯塔（Costa，1994）率先考虑了 VSS $\overline{X}$ 控制图的设计。在他们的模型中，如果前一个样本点落在离控制图控制限较近且仍在受控区域的位置，则认为进程出现失控的可能性较大，本次抽样应当选择抽取一个容量较大的样本；如果前一个样本点落在离目标均值较近且仍在受控区域的位置，则认为进程出现失控的可能性较小，这次抽样应当选择抽取一个样本容量较小的样本。VSS $\overline{X}$ 控制图在检测进程中等偏移的能力方面要明显优于 FSS（fixed sample size）$\overline{X}$ 控制图。随后，齐默等（Zimmer et al.，1998）将科斯塔的模型拓展为有三个可选样本容量的情形，他们的研究表明，有三个可选样本容量的 VSS $\overline{X}$ 控制图对于失控进程的检测能力要明显优于 FSS $\overline{X}$ 控制图，同时能够保证进程受控状态下样本容量不会增大。有趣的是，他们发现有三个可选样本容量的 VSS $\overline{X}$ 控制图和一般的只有两个可选样本容量的 VSS $\overline{X}$ 控制图相比较，检测能力不会有明显的提升，在很多应用中，二者之间几乎是等效的。VSS $\overline{X}$ 控制图的建立大都是在考虑抽样检测没有测量误差（measurement errors）的情况下完成的，但在实际检测中，数据误差的出现难以避免。胡等（Hu et al.，2015）考虑了在测量误差出现的情况下，VSS $\overline{X}$ 控制图的设计。他们的研究结果表明，测量误差对于 VSS $\overline{X}$ 控制图的性能表现影响较大，现实操作中，对于误差的精确估计十分重要。胡等（2015）的工作对 VSS $\overline{X}$ 控制图在实际当中的应用有十分重要的指导意义。另外，在控制图设计中，通常假定控制图参数已知，如生产/

服务进程目标均值μ_0、标准差σ_0已知等，而实际上这些参数通常是由历史数据估计得来。因此，考虑参数估计下控制图的设计问题更为符合实际。卡斯塔廖拉等（Castagliola et al.，2015）给出了参数估计情况下 VSS $\overline{X}$ 的设计方案。虽然参数估计条件下 VSS $\overline{X}$ 控制图的检测性能不如假定参数已知条件下的 VSS $\overline{X}$ 控制图，但前者更符合生产实际。

安纳迪等（Annadi et al.，1995）首次给出了 VSS CUSUM 控制图的设计方案。在 CUSUM 控制图中加入 VSS 策略不仅能提高控制图检测能力，而且不会增大控制图在进程受控状态下出现错误警报的频率。安纳迪等（1995）的模型只考虑检测进程均值偏移的情况，而假定进程运行中方差保持恒定不变。张和吴（Zhang & Wu，2007）在一张加权损失函数 CUSUM（weighted loss function CUSUM）控制图中引入 VSS 策略，提出了一张能够同时监控进程均值和方差偏移的 CUSUM 控制图。在模型中，他们将进程均值和方差偏移分别分成大、中、小三种情况，并将所提出的 VSS CUSUM 控制图与包括 FSS CUSUM 控制图在内的四种不同的控制图作出比较，数值结果表明，他们所提出的 VSS CUSUM 控制图在检测能力上始终是最优的。

卡斯塔廖拉等（Castagliola et al.，2011）将 S^2 控制图和 EWMA 控制图结合在一起，同时引入 VSS 策略，提出了一张监控进程方差变化的 VSS S^2—EWMA 控制图。VSS S^2—EWMA 控制图的性能表现要始终优于 FSS S^2—EWMA 控制图。与此同时，他们还在不同进程运行状态下比较了 VSS S^2—EWMA 控制图和 VSI S^2—EWMA 控制图的表现，结果发现，它们都只能在特定的情况下各自取得最优，两者之间并没有绝对的优劣之分。为了减少进程发生偏移情况下控制图发出信号所需的平均抽样次数，张和宋（Zhang & Song，2014）提出了一张 VSS EWMA 中位数控制图。他们发现，当进程发生偏移时，VSS EWMA 中位数控制图所需的 ANOS（average number of observations to signal）值要小于 FSS EWMA 控制图和 VSI EWMA 均值控制图。阿米尔侯赛因等（Amirhossein et al.，2013）把抽样样本容量构建成关于 EWMA 统计量值的整数线性函数，并由此提出了改进的 VSS EWMA 控制图的设计方案。他们的研究结果表明，相较于 FSS EWMA 控制图和一般的 VSS EWMA 控制图，改进后的 VSS EWMA 控制图的检测能力更为突出。

当需要在进程中同时检测多个相互关联的质量特性时，多元 CUSUM 控制图、多元 EWMA 控制图以及 T^2 控制图都是不错的选择。但当进程偏移量较小时，T^2 控制图的检测能力相较于前二者显得有些不足。阿帕瑞斯（Aparisi，1996）首次尝试在 T^2 控制图设计中加入 VSS 策略来解决这个问题，并设计了一张 VSS T^2 控制图。仿真实验结果表明，VSS 策略改进了 T^2 控制图的统计表现，使得 T^2 控制图对于进程小偏移的检出能力大大提高。在一些进程检测中，有些变量的测量是简单的，但有些变量的测量可能因为花费成本过高或者测量难度较大，因此很难获取。这时人们往往选择先测得那些容易测量的变量，得到一些预警信息后再测量那些比较难以获取的变量，最终对进程运行状态作出判断。基于此，学者们提出了变量维度的 T^2 控制图，但变量维度 T^2 控制图对于进程出现的小偏移反应迟钝。为此，阿帕瑞斯等（Aparisi et al.，2014）提出了 VSS 变量维度 T^2 控制图的设计方案，使控制图的检测能力大幅度提升。

罗和吴（Luo & Wu，2002）建立了一个 VSS np 控制图模型，通过对比稳态下控制图发出信号平均所需时间（average time to signal，ATS）发现，VSS np 控制图的检测能力要优于静态 np 控制图，尤其当进程偏移量较小或者中等大小时，这种优势尤为明显。周和连（Zhou & Lian，2011）同样提出了一种 VSS np 控制图设计方案。不同的是，在他们的模型中，有三个可选的不同大小的样本容量，控制图在运行过程中根据抽样的信息在三种样本容量中切换选择。他们同样证明了 VSS np 控制图相较于 FSS np 控制图的高效性。罗和吴（2002）及周和连（2011）都只是考虑了 np 控制图的统计设计，没有考虑 np 控制图实施的经济结果。库利等（Kooli et al.，2011）在此基础上，给出了 VSS np 控制图的经济设计模型。上述文献研究中考虑的控制图设计，一般假定是在大批量生产环境下进行的。然而，随着企业生产方式逐步转向以柔性自动化生产为基础的各种先进生产模型，多品种、小批量生产方式开始占有越来越重要的地位。因而考虑小批量生产环境下的控制图设计非常有意义。在这一背景下，库利和利马姆（Kooli & Limam，2009）考虑了小批量生产环境下 VSS 贝叶斯 np 控制图的设计，并通过仿真实验结果证明，相较于传统静态的 np 控制图和贝叶斯 np 控制图，VSS 贝叶斯 np 控制图能够节约更多的成本。

VSS 策略不仅适用于上面介绍的几种控制图，也适用于其他控制图，如 CCC 控制图（Chen & Chen，2012）等。在进程状态不确定时，由于 VSS 控制图使用了较大的抽样样本容量，获得了更多的样本信息，因而能够快速地检测到进程的偏移；当进程状态良好时，VSS 控制图通过选择抽取较少容量的样本，同时又有效地避免了检测资源的浪费。但在一些生产进程中，抽样时间间隔和抽样样本容量固定且难以动态调整时，如在一些高成本生产制造中，往往只允许抽取一个样本，在这样的情境下，选择动态调整控制图控制限则是增强控制图检测能力的另外一个选择。

（3）VCL 型的自适应控制图。VCL 策略即控制图可以根据抽样样本信息动态调整控制图控制限，从而使控制图检测能力始终处于最佳状态。在过程监控中，控制图控制限通常是预先设定的、固定的，动态调整控制限难度较大。故相较于其他自适应策略，VCL 策略在控制图设计中的理论研究工作仍十分有限。

李等（Lee et al.，2013）在一个河水质量检测的具体情境下给出 VCL $\overline{X}$ 控制图的设计方案，他们将实际测量的数据放在 VCL $\overline{X}$ 控制图上观察，并将控制图预测的结果与实际结果相比较，验证了 VCL $\overline{X}$ 控制图的有效性。

当进程处于受控状态时，管理人员常常期望控制图出现错误警报的强度在可控的理想范围内。黄等（Huang et al.，2016）对如何实现控制图这一可控性作了尝试，他们在一张 CUSUM 控制图中引入 VCL 策略，在他们的模型中，根据所测得质量特性值的概率不同，采用不同的控制限，以此控制进程受控状态下出现错误警报的强度。相较于固定控制限的 CUSUM 控制图，可变控制限 CUSUM 控制图更加灵活，可以适应更加复杂的检测环境。

为了提高 EWMA 控制图的检测能力，学者们相继提出了 VSI 和 VSS EWMA 控制图，钱德拉塞克兰等（Chandrasekaran et al.，1995）则在研究中设计了一张 VCL 型的 EWMA 控制图。在他们的模型中，控制图控制限可以根据样本方差的变化动态调整。

传统 np 控制图对于进程小偏移检出力度不强，为了解决这一问题，阿博伊和阿米纳耶里（Abooie & Aminnayeri，2010）尝试在传统 np 控制图设计中引入 VCL 策略，并设计了一张解析可变控制限（analytic variable limit）的 np 控制图。他们通过与 CUSUM、EWMA 以及传统 np 控制图比较，发现 VCL np 控制图虽然运行成本较高，但对于进程小偏移的检出能力有了大幅提高。

（4）联合自适应控制图。单个自适应策略的引入提高了控制图的检测能力，融合多个自适应策略能否进一步提高控制图的检测能力，结合了多个自适应策略的控制图的表现又有哪些不同，这些问题引起了学者们的思考。联合自适应策略也逐渐被大家提出和使用。联合自适应控制图的提出也进一步拓宽了控制图设计的研究思路。所谓联合自适应控制图，就是控制图控制限，样本容量以及抽样时间间隔至少有两个可以根据样本信息动态调整。一般地，联合自适应策略因为融合了多个自适应策略的优点，使控制图性能表现有了更高水平的提升。

科斯塔（Costa，1997）首次尝试在 $\overline{X}$ 控制图的设计中同时引入 VSS 和 VSI 的自适应策略，建立了一张 VSSI（variable sample size and sampling interval）$\overline{X}$ 控制图。对比研究表明，在检测中等大小的进程偏移时，VSSI $\overline{X}$ 控制图的统计表现要优于 VSS $\overline{X}$ 控制图和 VSI $\overline{X}$ 控制图。李等（Lee et al.，2007）在科斯塔工作的基础上，考虑了进程同时存在多个可归因因素情况下 VSSI $\overline{X}$ 控制图的设计问题。周（Zhou，2017）考虑了进程参数估计下 VSSI $\overline{X}$ 控制图的设计问题。托尼（Toni，2014）给出了 VSSI $\overline{X}$ 控制图的经济—统计设计方案。也有一些学者尝试在 $\overline{X}$ 控制图设计中同时加入 VSS 和 VCL 策略，如林和仇（Lin & Chou，2006）考虑了样本数据服从非正态分布（Burr 分布）下的 VSSCL（variable sample size and control limit）$\overline{X}$ 控制图设计问题。吴和斯佩丁（Wu & Spedding，2000）将 $\overline{X}$ 控制图与合格品链长控制图结合在一起，设计了一张 $\overline{X}$ 合成控制图。实验结果表明，当进程均值偏移大于或等于 0.8σ（σ 为进程标准差）时，$\overline{X}$ 合成控制图在进程失控下的平均运行长度要小于 EWMA 控制图和 $\overline{X}$—EWMA 控制图以及在任何情况下的传统 $\overline{X}$ 控制图。但当进程均值偏移量较小时，它的统计表现并不是很好。鉴于 VSSI 策略的良好表现，本书在第 4 章中将 VSSI 策略引入 $\overline{X}$ 合成控制图的设计当中，建立了一张自适应 $\overline{X}$ 合成控制图。对比研究表明，本书所提出的自适应 $\overline{X}$ 合成控制图方案提高了传统 $\overline{X}$ 合成的性能表现。

阿诺德和雷诺兹（Arnold & Reynolds，2001）在 CUSUM 控制图设计中同时加入 VSS 和 VSI 策略，建立了一张检测进程均值偏移的 VSSI CUSUM 控制图。他们研究发现，VSI 策略相较于 VSS 策略更能提高 CUSUM 控制图的性能表现，而 VSSI CUSUM 控制图的表现要同时优于 VSI CUSUM 控制图和 VSS CUSUM 控制图。但不足的是，VSSI CUSUM 控制图设计较为复杂。为此，吴和张（Wu & Zhang，2010）对 VSSI CUSUM 控制图提出改进，他们设计了一张基于权重损失函数（weighted—loss—function—based，WL）的 VSSI CUSUM 控制图，它能同时检测进程均值和方差的偏移。通过数值对比，他们发现 VSSI-WL CUSUM 比 VSSI CCC 控制图以及静态的 CUSUM 控制图的性能表现都要好。

雷诺兹和阿诺德（Reynolds & Arnold，2001）同时将 VSS 和 VSI 策略加入 EWMA 控制图的设计当中，提出了一张 VSSI EWMA 控制图。与 CUSUM 控制图性质类似，他们发现，加入了 VSI 策略的 EWMA 控制图性能表现要优于 VSS EWMA 控制图；VSSI EWMA 控制图的性能表现要同时优于 VSI EWMA 控制图和 VSS EWMA 控制图。类似地，李等（Li et al.，2012）设计了一张 VSSI EWMA 标准差控制图。仿真实验结果表明，改进后的 EWMA 标准差控制图对于进程小偏移的检出能力要优于 VSI EWMA 标准差控制图和传统的 EWMA 标准差控制图。

马哈迪克和夏尔克（Mahadik & Shirke，2011）在 T^2 控制图设计中加入 VSSI 策略，设计了一张 VSSI T^2 控制图。他们发现，当进程偏移量较大时，VSI T^2 控制图的性能表现要优于 VSS 和 VSSI T^2 控制图；当进程偏移量较小时，VSSI T^2 控制图的表现明显优于 VSI T^2 和 VSS T^2 控制图。陈（Chen，2009）建立了 VSSI T^2 控制图的经济设计方案。研究发现，对于 T^2 控制图，VSI 和 VSSI 策略的引入虽然提高了控制图的检测能力，但同时使控制图设计更加复杂。陈和谢（Chen & Hsieh，2007）发现，在 T^2 控制图中同时加入 VSS 和 VCL 策略，不会增加控制图设计的难度，并给出了 VSSCL T^2 控制图的设计方案。他们的实验数据显示，在进程偏移较小的情况下，VSSCL T^2 控制图的统计表现要优于 VSS、VSI 以及 VSSI T^2 控制图。随后，阿扎尔等（Asghar et al.，2011）在陈和谢工作的基础上提出了 VSSCL T^2 控制图的经济—统计设计方案。

np 控制图和 CCC 控制图是检测产品不合格品率是否发生偏移的两种常用控制图。这两种控制图的不足是，前者对进程小偏移反应迟钝，而后者在使用过程中通常要对进程生产的产品进行 100% 抽检，而这往往造成了较高的质量检测成本。吴和罗（Wu & Luo，2004）尝试在 np 控制图设计中加入 VSSI 策略，建立了 VSSI np 控制图在稳定状态模式下性能表现的统计模型。对比研究发现，当进程偏移量较小或中等大小时，VSSI np 控制图在进程失控状态下发出信号的平均时间要小于 VSI 和 VSS np 控制图。对于 CCC 控制图，为了在降低检测成本的同时提高控制图的检测能力，陈等（Chen et al.，2011）将 VCL 和 VSI 策略引入 CCC 控制图的设计中，建立了一张 VSCL CCC 控制图。他们的研究结果显示，改进后的 CCC 控制图提高了对进程偏移的检测能力。

卡罗特等（Carot et al.，2002）首次将双重抽样（double sampling，DS）和 VSI 抽样策略同时引入 $\overline{X}$ 控制图的设计中，提出了一张 DSVSI $\overline{X}$ 控制图的设计方案。双重抽样是指在抽样时分两次抽取样本的一种抽样方式，它的主要优点是提高了抽样效率，节约了调查成本花费。对比发现，在均值偏移量较小时，DSVSI $\overline{X}$ 控制图的监控能力要优于 DS 和 VSI CUSM 以及 EWMA 控制图。随后，李等（Lee et al.，2012，2013）在 s 控制图的设计中加入了 DSVSI 策略，提出了 DSVSI s 控制图。他们的研究结果同样表明，在过程标准差偏移量较小时，DSVSI s 控制图的监控能力要优于 DS 和 VSI CUSM 以及 EWMA 控制图。由于 DSVSI 策略提出相对较晚，在其他控制图中的应用十分有限。基于此，本书在第 3 章中尝试将 DSVSI 策略应用到传统 np 控制图的设计当中。另外，我们在模型中还同时采用了多重状态相依的抽样策略，建立了一张自适应 np 控制图。本书的数值分析结果表明，

DSVSI 策略的引入提高了 np 控制图的检测能力，多重状态相依抽样策略的采用进一步提升了控制图的检测水平。

与 F_p 控制图相比，自适应控制图常常由于具有较高的抽样频率或者较大的抽样容量，能够较快地检测出质量特性的偏移。但从经济的角度上来看，这有时也会带来一定的成本增加，故研究高抽样频率与其导致的额外的抽样成本之间的关系，对实际生产有较为重要的意义（Montgomery & Runger，1997）。因此，本书在自适应控制图的设计中采用了控制图的经济设计理念，在提升控制图检测能力的同时又保证了控制图的经济表现。

2.2 SPC 与维护管理集成研究

维护管理有助于减缓设备退化，从而避免由于设备退化导致的不良品增加以及由此带来的生产损失。另外，维护管理对于平衡设备维护费用和选择合适的设备维护频率之间的关系也十分重要。托迪诺夫（Todinov，2006）在研究中指出，设备故障可能带来难以估量的损失，这其中包括对生产时间和环境造成浪费、失去顾客以及造成更多的罚款等，因此，设备的维护管理十分重要。一般地，维护管理可分为预防型维护和纠正型维护两类。预防型维护是指在给定时间区间内，设备并未发生故障时便按照一定的维护策略对设备进行维护，从而降低设备出现故障的强度，以及预防因设备随时间持续老化而导致的不合格品增多。纠正型维护是指当监测到设备已经发生故障时才对生产设备进行维护，通常假定设备维护后将恢复如新，这种维护方式也称为完美维护。

阿格赫扎夫等（Aghezzaf et al.，2007）、巴迪亚等（Badia et al.，2002）和萨兰加（Saranga，2004）在研究中对这两类维护方式作了比较，他们发现，选择预防型维护策略造成的维护成本比完全采用纠正型维护所造成的维护成本要少，因此从经济的角度上考虑，执行预防型维护会更加经济可行。但在实际生产实践中，很多管理者往往认为对设备进行维护只会带来成本的增加而并未产生竞争优势，这种思维定式直接导致了维护管理在实际中并未得到很好的应用和研究（仓婷，2013）。

英格尔和西沃雷克（Ingle & Siewiorek，1976）在 1976 年首次提出了不完美维护策略的概念。不完美维护更加贴近生产实际，引发了学者们的广泛关注。随后，中川（Nakagawa，1979）使用（p，q）规则重新定义了不完美维护策略。所谓（p，q）规则，指的是在设备维护之后，设备有 p（$0<p<1$）的概率可能会恢复如新，有 $q=1-p$ 的概率保持原来的状态。容易看出，如果 $p=1$，则维护策略为完美维护，如果 $p=0$，则退化为最小维护策略。在中川（Nakagawa，1979）研究的基础上，布劳克和萨维斯（Block & Savits，1985）对（p，q）规则进行了改进，假设其与时间相关，即每次维护后设备恢复的概率与设备使用时间长度相关，而不是一个固定的值。马基斯和查顿（Makis & Jardine，1992）在布劳克和萨维斯的研究基础上进一步假定设备恢复的概率不仅与设备使用时间长度相关，也与设备修复之后的“失控”次数相关。木岛英登等（Kijima et al.，1988）在其文章中提出了设备虚拟年龄的概念，即假设设备拥有使用寿命，每次维护后设备就会减少一定的年龄，因此每次维护后设备的寿命将比维护前设备的寿命要短。

维护管理与统计过程控制（SPC）作为保证产品质量的两种重要工具，无论在实际应用还是在文献研究中，常常被独立开来，分开研究和应用。近年来，学者们逐渐意识到这两者之间在过程控制中存在着相互补充、互为强调的密切关系。潘迪等（Pandey et al.，2010）指出，一方面，设备实时运行状况将会直接影响进程生产产品或提供服务的质量，而产品和服务的质量可以通过控制图工具反映，进而可以对设备的维护管理提供信息支持；另一方面，维护管理可以提高设备的性能表现，从而确保生产和服务系统的产品质量。因此，将维护管理和控制图设计结合起来研究是符合逻辑且十分有必要的。麦科恩等（McKone et al.，2001）也强调了统计过程控制和维护策略在过程控制应用中具有的这种互为强调和补充功能。这一观点也逐渐得到学者们的认同，控制图与维护管理的结合研究也逐步展开。

拉希姆和本·达亚（Rahim & Ben-Daya，2000）首次考虑将 $\overline{X}$ 控制图的经济设计与维护管理相结合。他们的实验结果表明，维护策略的加入有利于降低生产系统总的单位时间的期望成本。但在他们的研究中只考虑了预防型维护的存在。项（Xiang，2013）建立了一个 $\overline{X}$ 控制图与维护策略的联合优化模型，通过控制图释放的“信号”来判定是否需要对设备进行纠正型维护，同时，考虑在固定的时间区间上对设备执行计划型维护。笔者发现，预防型维护的加入提高了系统运行经济成本的节约比例。周和朱（Zhou & Zhu，2008）同样考虑了一个 $\overline{X}$ 控制图与维护策略的集成模型。不同的是，在他们的模型中同时考虑了补偿型维护、纠正型维护以及预防型维护三种维护策略，并假定三种维护方式都是完美的。通过最小化系统单位时间总成本，并与控制图和维护两个独立模型对比，他们也发现整合模型能够有效地降低生产成本。一般情况下，通常假定控制图工具用来监控单个生产设备的运行。刘等（Liu et al.，2013）在研究中弱化了这一假定，他们使用 $\overline{X}$ 控制图监控一个串联的生产系统，并根据控制图反映的设备运行状态信息对生产设备执行维护管理。与很多研究假定一个生产系统是由单个设备组成的相比较，这一研究更加贴近生产实际，拓宽了控制图与维护管理集成设计的应用范围。

沙隆藤和庞普庞萨克（Charongrattanasakul & Pongpullponsak，2011）类比周和朱（Zhou & Zhu，2008）的模型，建立了一个 EWMA 控制

图与维护管理的整合模型。阿尔达坎等（Ardakan et al.，2016）则考虑了多元 EWMA 控制图与维护管理的结合。他们的文章结果显示，整合模型相较于独立模型的使用不仅能够带来成本上的节约而且使用维护策略能够有效降低 EWMA 控制图发生 Type－Ⅱ类型错误（第二类错误）的强度。什里瓦斯塔瓦等（Shrivastava et al.，2016）将 CUSUM 控制图与维护管理相结合，在模型中同时考虑了纠正型维护和不完美的预防型维护。他们通过最小化系统单位时间总成本得到最优的控制图设计参数和最佳的预防型维护时间间隔，并发现，相较于两个独立模型的使用，整合模型能大幅节约成本。王（Wang，2012）在其所设计的多元贝叶斯控制图的基础上和基于状态的维护（condition based maintenance，CBM）策略结合在一起，建立了一个控制图—维护整合模型。在 CBM 的维护策略中通过控制图所发信号决定是否需要对设备执行维护。控制图与维护管理集成设计的文献还有：卢瓦和奈姆巴德（Ivy & Nembhard，2005）、郭（Kuo，2006）、林德曼等（Linderman et al.，2005）等。

以上讨论的文献研究大都是在制造业环境下设计完成的，相较于维护管理在制造业中的应用，维护管理在服务业中的应用研究较为匮乏。

在服务业中，通常遵循以设计为基础的预防型维护（design based preventive maintenance，DPM），在这种维护策略下，设备制造商基于设备的可靠性设计，估计出设备适当的服务维护时间间隔（Osteras et al.，2008）。虽然这种设计方案比较方便使用，但它往往会对服务设施造成过度维护，不仅增加了维护成本，也降低了设备的可用性和服务产出。而一般的制造业环境下提出的基于设备状态的维护策略很难在服务业中得到实施。现有的基于设备状态的维护方法主要依赖于常规控制图，如 $\overline{X}$ 控制图（Liu et al.，2013）等，这些控制图检测进程的一般方法是从进程中抽取样本，然后计算生产进程

“关键质量特性”的统计量，然而它们在绝大多数服务环境中难以适用。

最近，奥曼等（Ohman et al.，2015）尝试设计了一种服务业可用的控制图—维护整合方案，他们建立了一种监控设备故障强度的控制图方法，通过控制图所反馈的信息控制服务设施预防型维护的频率。他们的实验结果表明，该方案能够在避免设备过度维护的同时保证服务产出不受影响。另外，刘等（Liu et al.，2013）研究发现，在现实环境中，尤其当事故发生率较低时，监控事故发生的间隔时间比监控进程生产有缺陷产品强度或者设备故障的发生强度更为重要。卢卡斯（Lucas，1985）、瓦尔德曼和雷（Varderman & Ray，1985）率先提出监控事故间隔时间的想法，并由此提出了 TBE（time between events）控制图的概念。由于在大多数服务业中不需要生产抽样，如此，TBE 控制图则为基于状态的服务设施维护执行提供了一种理想的工具。

邱和谢（Khoo & Xie，2009）首次将 TBE 控制图概念付诸实施，设计了一张 TBE 控制图来监控带有预防型维护策略的生产系统。然而，他们所建立的 TBE 控制图只是用来监测系统进程，并判定是否需要对系统进行维护或者判定系统是否已经退化到常规维护不再有效的状态。在他们的模型中，TBE 控制图不会动态地调整或控制维护策略。截至目前，尤其在服务业中，还未发现有 TBE 控制图和基于状态的维护策略相结合的研究。

基于上述研究背景，本书第 6 章首次将 TBE 控制图应用在一个服务设施的维护管理模型中，监控服务设施故障间隔时间，利用 TBE 控制图发出的“信号”动态调节设备的维护策略。另外，本书第 4 章也尝试在制造业背景下将所建立的 $\overline{X}$ 合成控制图与维护管理相结合，提出了一个新的控制图—维护集成方案。

2.3 服务中控制图的应用

虽然控制图是在制造业环境下开发和使用的，但它可以很方便地应用于服务机构，其中的关键是确定适宜的、可监控的质量指标（埃文斯和林赛，2010）。通过恰当地运用控制图，绝大部分服务过程可以得到改进。现代质量控制理念也逐渐被引入互联网（王秀红，2014）、食品检测（柳乃奎，2013）、医疗诊断（秦利平和马家奇，2008）、物流管理（刘俐岑，2015）等行业中。其中控制图在医疗服务领域的应用尤为普遍。起初，控制图在医疗服务领域只是在实验室范围内尝试使用，而后逐渐应用到实际的患者疾病监测当中，由于良好的质量改进体验，吸引了很多研究人员和实际操作者的注意。控制图在医疗卫生中的应用与在工业制造中的应用有很大不同。

伍德尔（Woodall，2006）曾指出，在医疗卫生环境下，控制图通常被用来检测属性数据，且在设计一张医疗用控制图之前，往往需要对手术或诊断产出结果数据进行风险调整（risk adjust）。这是因为，在接受医疗服务的过程中，患者因个人特征、疾病史、提供服务的医务人员等不同，处于“受控”状态下的概率也不相同，为了能够使用同一张控制图表，就需要对服务产出数据进行风险调整，从而使服务进程能够在一个相对固定的“受控”概率下进行（Steiner & Jones，2010）。例如，阿尔伯斯（Albers，2011）指出，在考虑同质化的环境中，疾病患者群体中出现医疗事故的数量服从负二项分布，然而在医疗检测中，由于患者群体通常属于不同的风险类型，因此，使用常规的负二项分布图（negative binomial chart）很难对患者实际面临的医疗事故风险做出警示。阿尔伯斯在研究中展示了如何通过分类患者的风险信息来调整基础的负二项分布图，以便可以更精准地预警患者实际所面临的医疗风险。田等（Tian et al.，2015）在考虑不同风险类型的患者数量分布情况下，探讨了风险调整型的伯努利 CUSUM 控制图在进程受控状态时的表现。比斯瓦斯和卡尔夫雷希（Biswas & Kalbfleisch，2008）、塞戈等（Sego et al.，2009）和甘迪等（Gandy et al.，2010）等在医疗检测中利用手术后连续测定的患者存活时间或者右删失时间（right censored time）给出了风险调整型控制图的设计方案。

医疗环境下控制图和工业制造环境下控制图的评判标准也不相同。在工业制造环境下，控制图的使用通常分为阶段一（phase Ⅰ）和阶段二（phase Ⅱ）两个阶段。阶段一利用历史数据定义进程特性的稳定状态，并估计其分布参数；阶段二使用阶段一估计的参数结果监控生产过程。在工业制造环境下，通常以控制图发出错误信号的概率评估控制图在阶段一的表现，通过比较控制图在进程失控状态下的运行长度来评估控制图在阶段二的表现。而在医疗环境下，施泰纳等（Steiner et al.，2000）在其研究中指出，阶段一和阶段二的区分并不明显。佩纳巴尔等（Paynabar et al.，2012）在阶段一提出了一般的风险调整型控制图来检测外科手术的二元产出结果。在他们的研究中，手术的产出结果不仅依赖于 parsonnet 评分而且与操作变量的分类有关。张等（Zhang et al.，2012）在阶段一也尝试建立了一张风险调整型的休哈特控制图用以监测外科手术的表现。但这两篇文章都假定监测的数据服从伯努利分布，穆罕默德等（Mohammadian et al.，2016）指出，风险调整型的伯努利控制图发生第二类错误的概率较高，因此，他们在阶段一通过计数手术失败的次数提出了一张风险调整的几何控制图，有效地克服了这方面的不足。

传统控制图在现实医疗环境下的使用随处可见，如在评价控制诊疗预约时间、诊疗过程等待时间、急救服务应急时间等领域中 $\bar{X}-S$ 和 R 控制图的使用；小概率（小于 5%）不良事件（手术部位错误）

c/u 控制图的使用；以及在一些相对常见的医疗安全不良事件（误诊、并发症、收费失误等）p/np 控制图的使用，等等（Mohammed，2004）。杨梅和高明（2007）结合医院的现实数据，介绍了如何采用回顾性调查的方法在医疗管理中设计一张控制图。控制图在医疗环境下的理论研究也十分丰富。伍德尔等（Woodall，2006；Woodall et al.，2012）、诺耶兹（Noyez，2009）和科齐尔等（Koetsier et al.，2012）都曾对控制图在医疗领域的应用作了很好的综述研究。近阶段，控制图在医疗服务中的理论研究如下所述。

王和翁（Wang & Ong，2008）结合时间序列分析方法和多元统计过程技术，提出了一种依赖 T^2 控制图的新的结构健康检测方案。由于 T^2 统计量能够在检测多元特征数据的同时不忽略数据之间的固有关系，因此，在研究中常被用作检测进程的工具。他们的实验结果表明，对于所定义的患者损伤指标和对损伤的严重程度的敏感性方面，由 T^2 控制图组成的检测模型的表现始终是最优的。

在一般医疗环境下，管理者可以通过检测手术的结果数据判断手术的失败率。鉴于此，施泰纳等（Steiner et al.，1999）设计了一张二元 CUSUM 控制图用来监控手术进程失败率。实验结果表明，他们所建立的控制图模型对于手术进程中出现的小偏移较为敏感。然而，施泰纳等在模型中没有对手术结果数据进行风险调整，由于不同患者的个人特征和疾病史不同，这往往会对手术结果造成影响，从而影响控制图对于手术进程是否发生偏移判断的准确性。为此，施泰纳等（Steiner et al.，2000）改进了之前的模型，提出了一张风险调整型的 CUSUM 控制图，用于手术表现结果的监控。另外，向和伍德尔（Xiang & Woodall，2015）研究发现，采用固定控制限的风险调整型 CUSUM 控制图会有缺点，即因为患者群体的风险评分分布不同，造成控制图受控状态下平均运行长度十分可变。为了解决这个问题，向和伍德尔设计了一张控制限可变的风险调整型 CUSUM 控制图。

魏和阿特兹穆勒（Weib & Atzmuller, 2010）采用 EWMA 控制图监控二元进程（binary processes）中的医疗诊断数据，并分析了受控状态下事件发生强度在不同取值情况下 EWMA 控制图的表现能力。很多时候，除了通过控制图检测二元的手术结果数据了解医疗手术的表现，也可以通过控制图检测病人的生存时间数据掌握。施泰纳和琼斯（Steiner & Jones, 2010）提出了一张可更新的 EWMA 控制图用来监控风险调整生存时间数据。近期，监测医疗服务中出现的罕见医疗事故是学者们研究公共健康问题中的一个重要主题。在这方面，常用的监测方案有 g－type 控制图、泊松 CUSUM 控制图和伯努利 CUSUM 控制图等。但若进程检测过程中需要抽样，且样本数据容量大于 1，同时样本数据服从 ZIB（zero inflated binomial）分布，之前的控制图方法就不再适用。在这种情况下，拉苏尔等（Rassoul et al.，2012）建立了一张 ZIB—EWMA 控制图来监测进程中发生的罕见医疗事故。他们通过实验对比发现，相较于其他文献中提出的检测罕见医疗事故的方法，ZIB—EWMA 控制图检测方法对于检测罕见医疗事故的发生更加地快速有效。

当手术结果数据量不大时，选择常规的控制图方法监控手术进程就可以满足使用；若医疗结果数据量较大时，为了分析某一疾病的发生强度是否增大，相较于选择常规的控制图监测方法，建立扫描统计量通常是一个不错的选择。例如，内森逊和希金斯（Nathanson & Higgins, 2010）就通过建立扫描统计量和 g-type 控制图两种方法来监测和评估 VAP（ventilator associated pneumonia）相关的质量进程。但这些文献研究通常将扫描统计量用于数据的回顾性分析当中。琼斯和伍德尔（Joner & Woodall, 2008）建立了一类扫描统计量控制图，在医疗进程中采用前瞻性分析方法检测某一疾病发生的强度是否增大。扫描统计量控制图是一类新的控制图方法，关于它的理论研究还十分有限。在此背景下，本书第 6 章尝试给出医疗环境下扫描统计量控制图与维护管理的整合模型，用来监控医疗事故强度的变化。

虽然控制图在服务业中的应用十分广泛，但相较于控制图在制造业中的应用，这方面的研究仍十分有限，有许多工作可以进一步展开。当前控制图在服务业中的已有应用，很多仍只是单纯地考虑控制图的自身设计，没有考虑到服务系统设计对控制图设计造成的影响。服务系统中常常会出现排队等待的现象，将控制图设计放在一个服务设施排队系统当中是符合逻辑的。在排队系统中，除了要考虑控制图设计能够尽快地监控到服务事故强度的变化，还需要关注由于服务系统设计参数变化对于控制图设计的影响。本书第 7 章尝试在一个医疗服务排队系统环境下给出控制图的设计方案。

第3章　多重状态相依抽样策略下的自适应 np 控制图经济设计研究

3.1　引言

在制造业中，控制图按产品质量特性值的类型或其构成统计量的不同，通常可划分为计量值控制图和计数值控制图。在这一章中，我们首先对计数值控制图的改进设计展开研究。计数值控制图是实际工业生产中常见的一类控制图，它又可分为计件控制图和计点控制图。计件控制图主要考虑产品是否具有某种特性，比如产品是否合格，通过记录不合格的产品数完成质量控制的需要。计点控制图主要记录所考察的个体或一定量、一定面积上某种特性出现的次数，常见的计数值控制图，比如 p 控制图、np 控制图、c 控制图以及 u 控制图等。其中，np 控制图由于其操作简单方便、易于理解的优点，在实际生活中应用广泛，是一类最为重要的计数值控制图。但传统的 np 控制图对生产进程中出现的小偏移反应迟钝，已很难满足当今环境下高品质生产的要求。在本章中，我们以 np 控制图的改进为例介绍我们所提出的控制图改进方案。值得说明的是，本书所提出的控制图改进方案具有普遍适用性，它也可以简单地应用到其他控制图的改进设计当中。下面我们对本章所涉及的多重状态相依抽样（multiple dependent/deferred state sampling，MDS）策略、控制图经济设计理念以及 np 控制图做简要回顾。

3.1.1　MDS 抽样策略

在控制图设计中，抽样方案的选择通常是最重要的环节之一。在控制图设计中常见的抽样方案如双抽样方案、动态调整抽样容量方案等，这些抽样方案的使用普遍提升了控制图的检测能力，避免了监控资源的浪费。MDS 抽样策略是一种近年来提出的在工业生产中广泛使用的抽样方案，由于所需抽样样本容量小、检测效率高等优点，因此能够有效地减少抽样所造成的浪费和对产品的破坏。但它在控制图设计中的应用仍十分不足。在本章中，我们将 MDS 抽样策略引入到自适应控制图的设计当中。下面对 MDS 抽样策略做简单介绍。

在很多情况下，企业生产的产品很难做到逐一检查并判定是否满足生产标准，这时，质量管理者往往选择从所生产的产品中抽取其中的一部分组成一个样本，通过观察样本的情况判断当前阶段整个批次的产品是否合格。因此，选择一个合适的抽样方案显得十分重要。由贝尔实验室在 1924 年提出的验收抽样方案（acceptance sampling plans）是一种人们普遍接受的、应用十分广泛的抽样方案。但它的不足是，这种方案下的抽样一般需要较大的样本容量才能够对消费者或生产者提供足够的质量风险预警，而这直接造成较高的浪费以及破坏成本。为了克服这一不足，安斯科姆等（Anscomb et al.，1947）尝试对这种抽样方案提出改进，在一个持续输出的生产流程中采用延迟判决的抽样方案。安斯科姆等提出的这种方案也被称为固定状态延迟抽样策略（fixed deferred state sampling plans，FDS）。沃瑟姆和贝克（Wortham & Baker，1976）在 FDS 策略的基础上对其进一步改进，提出了一种多重状态相依的抽样策略。相较于前者，这种方案更加灵活，减少了抽样所造成的浪费和对产品的破坏，这种优势使 MDS 策略在验收抽样方案领域得到了广泛的推广和应用。MDS 抽样策略的设计主要是通过构建一个 MDS(r,b,m) 函数来实现，其判定流程如图 3－1 所示。

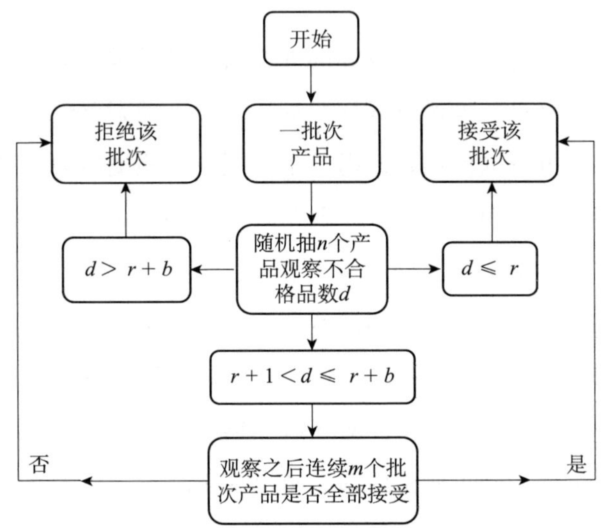

图 3－1　MDS 抽样策略判定流程

$$\mathrm{MDS}(r,b,m)$$

$r(r \geqslant 0)$ = 允许接受不合格产品的最大数量；

$b(b > 0)$ = 有条件接受不合格产品的最大数量；

$m(m > 0)$ = 条件所依赖的连续产品批次的数量。

对于一般的 MDS 抽样策略，其判定步骤如下。

步骤 1：对于一个生产批次的产品，随机地从中抽取 n 个样品并计算其中不合格产品数 d。

步骤 2：当 $d \leqslant r$ 时，接受该批次的产品。当 $d > r$ 时，则观察 d 的大小是否在可考虑的范围内，即是否在 $r+1$ 至 $r+b$ 之间；如果为否（$d > r+b$），则拒绝该批次的产品；如果为是（$r+1 \leqslant d \leqslant r+b$），则观察接下来连续 m 个批次产品的接受情况，如果 m 个批次的产品全部被接受，则当前批次产品被接受；如果 m 个批次产品中有任意一个批次的产品不被接受，则拒绝该批次的产品。

步骤3：对于下个批次产品的检查返回至步骤1。

巴拉穆拉里和军（Balamurali & Jun，2007）研究证明，MDS抽样方案所需抽样样本容量较小、检测效率高，其表现明显优于传统的单变量和双变量抽样方案。近期，吴等（Wu et al.，2015）、多巴等（Dobbah et al.，2016）、严等（Yan et al.，2016）和阿斯拉姆等（Aslam et al.，2013）等都对MDS抽样方案的改进和应用做了进一步研究。

3.1.2　控制图的经济设计理念

控制图的使用一般会产生经济结果，比如抽样和检测的成本、调查报警信号和消除可归因因素的成本、允许有缺陷产品流入市场的成本等，这些都会受到控制图参数设计的影响。因此，从经济的角度考虑控制图的设计是很符合逻辑的。通常也把考虑经济因素在内的控制图参数设计称为控制图的经济设计。从理论上来看，控制图的经济设计模型是一个总成本的函数，这个函数代表了控制图设计参数与所考虑的各种成本之间的关系。具体而言，控制图的经济设计就是合理地选择样本容量、抽样时间间隔和控制限系数等设计参数，并使所涉及的各类成本的总和最小。

控制图的经济设计理念是由邓肯（Duncan，1956）教授在1956年提出的，随着理念的合理性和实用性不断被学者们所论证，这一理念逐渐被学者们深入推广和研究。由于邓肯教授提出的经济设计模型目标函数过于复杂，很难求解出控制图设计参数的最优化值，限制了这一理论在实际生产中的应用（Lorenzen & Vance，1986）。为了克服这一不足，同时也为了能够使基于这一理念建立的经济设计模型在不同的生产过程中高效适用，很多学者在邓肯模型的基础上进行了改进和拓展，这其中分成两派：完全的经济设计理念和经济—统计设计理念。

完全的经济设计理念（fully economic approaches）。洛伦岑和范斯（Lorenzen & Vance，1986）在 1986 年提出了一种经济设计控制图的一般方法，他们所建立的经济设计方案能够应用在所有类别控制图的常规设计中。相较于邓肯所提出的控制图经济设计方案，洛伦岑和范斯的模型主要有以下不同：一是考虑了消除进程失控原因的时间，二是将质量特征函数分成两类，一类为独立离散的情况，另一类为服从正态分布的情况。然而，他们设计方案的不足是，在模型构建中需要采用统一的假定。随后，科拉尼（Collani，1988）提出了另一种经济设计控制图的一般方法，设计方案的目标是获取最优的控制图设计参数，使单位时间内生产进程的净利润值最大化。科拉尼的方法联合了不同的理论，减少了输入变量的个数，获得了更加简单的目标函数。完全的经济设计理念在控制图设计文献中的应用十分丰富，例如，仇和韦瑟里尔（Chiu & Wetherill，1974）解决了邓肯模型中需要求解多决策变量的问题，提出了一个简化的经济设计模型，使模型优化更加简单；塔帕斯和维卡斯（Tapas & Vikas，1997）研究了随机抽样策略下 $\overline{X}$ 控制图的经济设计问题；钟（Chung，1990）提出了一个 $\overline{X}$ 控制图经济设计的简化程序。这方面的研究文献有：纳德哈尼和马基斯（Naderkhani & Makis，2016）、郭等（Guo et al.，2014）、斯密雷和洪（Smiley & Hong，2016）等。

经济一统计设计理念（economic-statistical approaches）。由于考虑到完全的经济设计理念忽视了控制图的统计表现，再者，经济设计模型通常包括消费者不满意成本或者产品责任成本，这一成本很难确定，几乎难以取得确定值，因此，很多学者对完全的经济设计理念提出了批判（Woodall et al.，1986）。这些批判者认为，在控制图设计时不仅要考虑保证其经济表现，而且关于控制图的统计表现也有必要了解。通常将这些附加在控制图上的统计度量也称为统计限制。将这些统计限制作用于经济模型上设计出满足工业需求的控制图，这些控制图表现出较低的进程变异性，保证了长期的产品质量。萨尼加（Saniga，1989）称控制图的这种设计方式为经济—统计设计。经济—统计设计存在的不足是，相比于纯粹的经济设计，经济—统计设计导致了较高的进程成本损失。关于控制图经济—统计设计的文献有：俦等（Chou et al.，2002）采用质量损失函数构造成本函数，给出了多元控制图的一般经济—统计设计模型；法拉和萨尼加（Faraz & Saniga，2011）建立了一个 T^2 控制图的经济—统计设计模型；于等（Yu et al.，2010）在考虑进程存在多个可归因因素情况下，建立了 $\overline{X}$ 控制图的经济—统计设计模型；其他相关研究文献有：阿斯加尔等（Asghar et al.，2011）、佛朗哥等（Franco et al.，2012）、陶恩等（Torng et al.，2009）等。

在本书中，为了降低生产成本、最大化生产者的经济效益，我们建立了控制图的经济设计模型，并在优化模型的同时附加了一些统计限制条件，这样，控制图在获得最优的经济设计方案的同时也能够保证其统计表现。

3.1.3　np控制图简介

对于一张传统的np控制图，其设计如下，假定进程检测中需抽取样本个数为 k，样本容量为 n，则各样本中平均不合格品数 $\bar{p}_n$ 及平均不合格品率 $\bar{p}$ 可分别计算为：

$$\bar{p}_n = \sum_{i=1}^{k} p_{ni}/k, \quad \bar{p} = \bar{p}_n/n \tag{3-1}$$

据此，np控制图控制限可计算如下：

$$\begin{cases} \text{控制上限：} UCL = \bar{p}_n + 3\sqrt{\bar{p}_n(1-\bar{p})} \\ \text{控制中限：} CL = \bar{p}_n \\ \text{控制下限：} LCL = \bar{p}_n - 3\sqrt{\bar{p}_n(1-\bar{p})} \end{cases} \tag{3-2}$$

np 控制图的一般操作规则是：在抽检检测时刻，当点落在控制限内，表示进程处于受控状态；当点落在控制限外，则表示进程处于失控状态，控制图发出警报信号，质量管理人员立即查找并消除可归因因素，从而使进程恢复到受控状态。

传统的 np 控制图由于错误警报频出且对生产进程中出现的小偏移不灵敏的缺陷，很难满足当前生产环境下精益品质的要求。在这种背景下，很多学者尝试对 np 控制图提出改进。例如，沃恩（Vaughan，1992）首次给出了 VSI np 控制图的设计方案并分析了其统计表现；周和连（Zhou & Lian，2011）提出了一种 VSS np 控制图的设计方案；吴和罗（Wu & Luo，2004）在 np 控制图设计时，同时结合 VSI 和 VSS 两种自适应策略，并提出了 VSSI np 控制图的设计方案。本章首次尝试将 MDS 抽样策略和 DSVSI 抽样策略应用到 np 控制图的经济设计中，并建立了一张新的自适应 np 控制图。下一节我们将给出所设计的控制图模型的详细介绍。

3.2 MDS 策略下的自适应 np 控制图

在生产实践中，不良事件发生强度的增大（即生产状况恶化）相较于不良事件发生强度的减弱（即生产状况改善），往往更能够引起人们的关注。不良事件发生强度的增大通常会给企业带来较高的生产成本，给顾客带来糟糕的顾客体验。因此，在一些生产进程中，监测产品不合格品率是否增大就显得十分重要。在本书中，为了简化讨论，我们所建立的 np 控制图仅用来检测进程不合格品率 p 是否向上偏移（强度增大），故只考虑其控制上限，忽略讨论其控制下限。

在一个产品不合格品率为 p，容量大小为 n 的样本中，通常假定样本中不合格产品数 d 服从二项分布。若记二项分布函数的概率密度函数和累计分布函数分别为 $b(n,p,i)$ 和 $B(n,k,p)$，则有：

$$\begin{cases} b(n,p,i) = C_i^n p^i (1-p)^{n-i} \\ B(n,k,p) = \sum_{i=0}^{k} b(n,p,i) \end{cases} \tag{3-3}$$

其中：

$$C_i^n = \frac{n!}{i!(n-i)!} \tag{3-4}$$

在传统 np 控制图设计方案的基础上，本书将三种不同的抽样策略应用到 np 控制图的设计中，它们分别是：双抽样（DS）策略、动态调整抽样时间间隔（VSI）策略以及多重状态相依抽样（MDS）策略。简化起见，本书中将同时采用这三种策略的 np 控制图，简记为 M—DSVSI np 控制图。在生产进程检测过程中，M—DSVSI np 控制图依据进程变化提供了三种不同水平的抽样检测方案，即正常检测水平（n_1，h_1）、加紧检测水平（n_1，h_2）以及双抽样检测水平（n_1+n_2，h_2）。不失一般性地，假设进程开始运行时处于正常检测水平。为方便后续讨论，这里记进程在这三种抽样水平下的运行状态分别为状态 1、状态 2 和状态 3。图 3－2 给出了 M—DSVSI np 控制图的图形展示。由图 3－2 易看出，M—DSVSI np 控制图由两张控制子图组成，其中第一阶段的控制图设计及相应的标记如下：

$[0, w_t]$ 为受控区域，记为区域 I_1；

(w_t, w_n) 记为区域 I_2；

$[w_n, UCL_1)$ 记为区域 I_3；

$[UCL_1, +\infty)$ 为失控区域，记为区域 I_4。

第二阶段的控制图设计及相应的标记为：

$[0, UCL_2)$ 为受控区域，记为区域 I_5；

$[UCL_2, +\infty)$ 为失控区域，记为区域 I_6。

在进程运行过程中，控制图的具体操作规则如下。

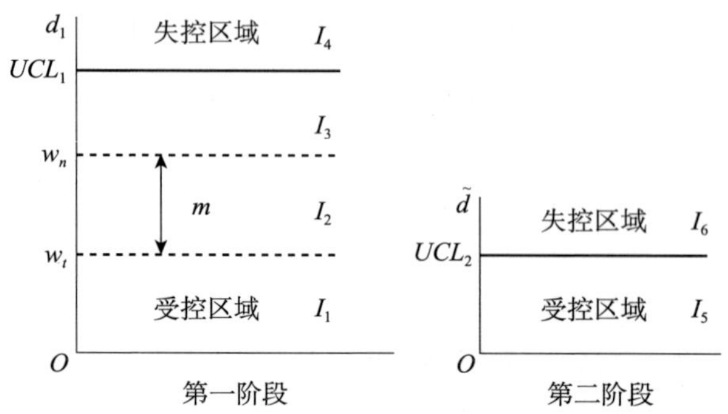

图 3-2 M—DSVSI np 控制图

（1）在抽样检测时刻，抽取一个容量为 n_1 的样本并计算样本统计量 d，若 d 落在 I_1 区域中，则下次抽样时刻采用正常检测水平。

（2）在抽样检测时刻，若样本统计量 d 落在 I_2 区域中。此时，若控制图前 m 次连续抽样的样本统计量均落在 I_1 区域，则认为进程处于受控状态，下次仍采用正常的检测水平；否则，下次抽样时刻采用加紧检测水平。

（3）在抽样检测时刻，若样本统计量 d 落在 I_3 区域中，则会立即触发二次抽样检测（假设两次抽样时间间隔为 0），此时一个容量为 n_2 的样本被抽取，计算统计量 $\tilde{d} = \left[\frac{d_1 n_1 + d_2 n_2}{n_1 + n_2}\right]$，其中 d_1 和 d_2 分别代表两次抽样获得的样本中的不合格产品数，$[d]$ 表示不大于 d 的最大整数。然后将结果放在第二张控制子图中进行观察。观察结果有两种可能的情况，A：如果样本统计量 $\tilde{d}$ 落在区域 I_5，则下次抽样时刻采用加紧检测水平；B：如果样本统计量 $\tilde{d}$ 落在区域 I_6，则认为进程失控，控制图发出警报信号，质量管理人员立即查找并消除可能的可归因因素，重启进程，进程恢复到受控状态，控制图操作从（1）重复进行。

（4）在抽样时刻，如果样本统计量 d 落在区域 I_4，则同样认为进程处于失控状态，控制图发出警报信号，管理人员立即查找并消除可归因因素，重启进程，进程恢复到受控状态，控制图操作从（1）重复进行。

记 p_0 为进程处于受控状态下的不合格品率，p_1 为进程失控状态下的不合格品率，np 控制图的警戒线 w_t 和控制上限 UCL_1 可分别计算为：

$$\begin{cases} w_t = n_1 p_0 + 2\sqrt{n_1 p_0 (1 - p_0)} \\ UCL_1 = n_1 p_0 + 3\sqrt{n_1 p_0 (1 - p_0)} \end{cases} \tag{3-5}$$

记 $p_{ij}(b_{ij})$ 为进程检测水平为 i 时，样本统计量 d 或 $\tilde{d}$ 落在区域 j，此时生产进程处于受控（失控）状态的概率。根据上面所述可知，$(i,j) \in \{1,2\} \times \{1,2,3,4\} \cup \{3\} \times \{5,6\}$。$p_{ij}$可计算如下：

$$\begin{cases} p_{i1} = B(n_1, w_t, p_0) \\ p_{i2} = B(n_1, w_n, p_0) - B(n_1, w_t, p_0) \\ p_{i3} = B(n_1, UCL_1, p_0) - B(n_1, w_n, p_0) \\ p_{i4} = 1 - B(n_1, UCL_1, p_0) \end{cases} \tag{3-6}$$

其中，$i=1$，2。

$$\begin{cases} p_{35} = B(n_1 + n_2, UCL_2, p_0) \\ p_{36} = 1 - B(n_1 + n_2, UCL_2, p_0) \end{cases} \tag{3-7}$$

式中，b_{ij}可以通过替换 p_{ij}中的 p_0 为 p_1 得到。

需要指出的是，在上述方案设计中如果除去 MDS 抽样策略，即 $m=0$ 时，M—DSVSI np 控制图则简化为 DSVSI np 控制图。

3.3　性能指标的计算

在衡量控制图性能表现的指标中，控制图的平均运行长度（average run length，*ARL*）是其中最为重要的指标之一。*ARL* 通常指的是控制图首次发出警报信号时已完成抽样的平均次数。一般将平均运行长度 ARL 依据进程所处状态不同划分为两类：一类是控制图在进程统计受控状态下的平均运行长度，记 ARL_0；另一类是控制图在进程统计失控状态下的平均运行长度，记 ARL_1。一般情况下，管理者希望看到进程受控状态下的平均运行长度越长越好，从而避免较高的错误警报率，进程失控状态下的平均运行长度越短越好，以便能够及时地发现问题，避免生产更多的不合格产品。下面给出 ARL 的具体计算。

本章采用戴维斯和伍德尔（Davis & Woodall，2002）提出的构造马尔可夫链的方法来进行 ARL 的计算。首先构造两条马氏链：$\{(S^{(0)}(i), L^{(0)}(i)), i \geqslant 0\}$ 和 $\{(S^{(1)}(i), L^{(1)}(i)), i \geqslant 0\}$（$e = \{0,1\}$，$e=0$ 代表进程处于受控状态；$e=1$ 代表进程处于失控状态），其中 $S^{(e)}(i)$ 代表在第 i 次抽样时控制图的检测水平；$L^{(e)}(i)$ 代表在到达第 i 次抽样之前，历史抽样中连续地落在 I_1 区域的样本个数。易知 $\{(S^{(0)}(i), L^{(0)}(i)), i \geqslant 0\}$ 和 $\{(S^{(1)}(i), L^{(1)}(i)), i \geqslant 0\}$ 拥有相同的状态空间，即为 $\{(1,0),(1,1),(1,2),\cdots,(1,m-1),(1,m),(2),(3),(0)\}$，其中（0）状态表示控制图发出警报信号的状态。进程在受控状态下的概率转移矩阵 $\boldsymbol{P}^{(0)}$ 则可写为：

$$\boldsymbol{P}^{(0)} = \begin{pmatrix} \boldsymbol{Q}^{(0)} & \boldsymbol{R}^{(0)} \\ \boldsymbol{0} & \boldsymbol{1} \end{pmatrix} = \begin{bmatrix} 0 & p_{11} & 0 & \cdots & 0 & 0 & p_{12} & p_{13} & p_{14} \\ 0 & 0 & p_{11} & \cdots & 0 & 0 & p_{12} & p_{13} & p_{14} \\ 0 & 0 & 0 & \cdots & 0 & 0 & p_{12} & p_{13} & p_{14} \\ \cdots & \cdots & \cdots & \cdots & \cdots & \cdots & \cdots & \cdots & \cdots \\ 0 & 0 & 0 & \cdots & 0 & p_{11} & p_{12} & p_{13} & p_{14} \\ p_{12} & 0 & 0 & \cdots & 0 & p_{11} & 0 & p_{13} & p_{14} \\ p_{21} & 0 & 0 & \cdots & 0 & 0 & p_{22} & p_{22} & p_{22} \\ 0 & 0 & 0 & \cdots & 0 & 0 & p_{35} & 0 & p_{36} \\ 0 & 0 & 0 & \cdots & 0 & 0 & 0 & 0 & 1 \end{bmatrix} \tag{3-8}$$

其中，$\mathbf{0}=(0,0,\cdots,0)_{1\times(m+3)}$，$\boldsymbol{Q}^{(0)}$是瞬时概率矩阵，向量$\boldsymbol{R}^{(0)}$满足$\boldsymbol{R}^{(0)}=1-\boldsymbol{Q}^{(0)}1$（即矩阵每行各概率之和为1），$\mathbf{1}=(1,1,\cdots,1)^{T}$。

当进程处于失控状态时，概率转移矩阵为$\boldsymbol{P}^{(1)}$：

$$\boldsymbol{P}^{(1)}=\begin{pmatrix}\boldsymbol{Q}^{(1)} & \boldsymbol{R}^{(1)}\\ \mathbf{0} & \mathbf{1}\end{pmatrix}\tag{3-9}$$

相应的$\boldsymbol{Q}^{(1)}$和$\boldsymbol{R}^{(1)}$可以通过替换矩阵$\boldsymbol{P}^{(0)}$中$\boldsymbol{Q}^{(0)}$和$\boldsymbol{R}^{(0)}$的概率p_{ij}为b_{ij}得到。

由于进程在运行过程中处于各状态上的瞬时概率具有不确定性，所以需要计算进程在运行过程中处于各状态的稳态概率。因为上述马氏链中存在有吸收状态，为了计算进程处于各状态的稳态概率，这里需要对上述两条马氏链重新定义。假设进程中的可归因因素被消除后，进程立即恢复到初始运行状态。如此，记重新定义的两条马氏链为$\{(S_1^{(0)}(i),L_1^{(0)}(i)),i\geqslant 0\}$和$\{(S_1^{(1)}(i),L_1^{(1)}(i)),i\geqslant 0\}$，它们同样拥有相同的状态空间为$\{(1,0),(1,1),(1,2),\cdots,(1,m-1),(1,m),(2),(3)\}$。此时，进程处于受控状态下的概率转移矩阵$\boldsymbol{P}_1^{(0)}$可写为：

$$\boldsymbol{P}_1^{(0)}=\begin{bmatrix}p_{14} & p_{11} & 0 & \cdots & 0 & 0 & p_{12} & p_{13}\\ p_{14} & 0 & p_{11} & \cdots & 0 & 0 & p_{12} & p_{13}\\ p_{14} & 0 & 0 & \cdots & 0 & 0 & p_{12} & p_{13}\\ \cdots & \cdots & \cdots & \cdots & \cdots & \cdots & \cdots & \cdots\\ p_{14} & 0 & 0 & \cdots & 0 & p_{11} & p_{12} & p_{13}\\ p_{12}+p_{14} & 0 & 0 & \cdots & 0 & p_{11} & 0 & p_{13}\\ p_{21}+p_{24} & 0 & 0 & \cdots & 0 & 0 & p_{22} & p_{23}\\ p_{36} & 0 & 0 & \cdots & 0 & 0 & p_{35} & 0\end{bmatrix}\tag{3-10}$$

与式（3-9）类似，此时进程处于失控状态下的概率转移矩阵$\boldsymbol{P}_1^{(1)}$

可通过替换矩阵 $\boldsymbol{P}_1^{(0)}$ 中的概率 p_{ij} 为 b_{ij} 得到。

进程的运行状态随时间的变化如图 3 – 3 所示。

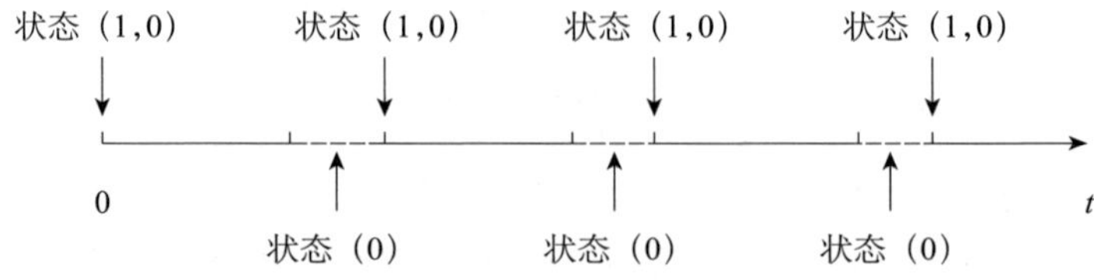

图 3 – 3　进程运行状态随时间变化图示

当进程处于状态 $(i,\ j)$ 时，记 $x_{i,j}^{(e)}$ 为马尔可夫链 $\{S_1^{(e)}(i), L_1^{(e)}(i), i \geqslant 0, e = 0,1\}$ 的稳态概率，同时稳态概率向量可记为：

$$X^{(e)} = (x_{1,0}^{(e)}, x_{1,1}^{(e)}, \cdots, x_{1,m_1}^{(e)}, x_2^{(e)}, x_3^{(e)})^T \tag{3-11}$$

根据马尔可夫理论（markov theory），则有 $X^{(e)} = X^{(e)} P^{(e)}$，$e = 0$，1。依次展开上述矩阵等式，可以得到以下结果：

$$x_{1,0}^{(0)} = \frac{(1 - p_{11})(1 - p_{22} - p_{35}p_{23})}{(1 - p_{22})(1 + p_{13}) + p_{35}(p_{13} - p_{23}) + p_{12}(1 - p_{11}^m)(1 + p_{23})} \tag{3-12}$$

$$x_{1,i}^{(0)} = p_{11}^i x_{1,0}^{(0)} \tag{3-13}$$

$$x_{1,m}^{(0)} = \frac{p_{11}^m x_{1,0}^{(0)}}{1 - p_{11}}, \quad i = 1,2,\cdots,m-1 \tag{3-14}$$

$$x_2^{(0)} = \frac{x_{1,0}^{(0)}(p_{12} - p_{11}^m p_{12} + p_{13}p_{35})}{(1 - p_{11})(1 - p_{22} - p_{35}p_{23})} \tag{3-15}$$

$$x_3^{(0)} = \frac{x_{1,0}^{(0)} p_{13}}{1 - p_{11}} + \frac{x_{1,0}^{(0)} p_{23}(p_{12} - p_{11}^m p_{12} + p_{13}p_{35})}{(1 - p_{11})(1 - p_{22} - p_{35}p_{23})} \tag{3-16}$$

类似地，进程处于失控状态下的稳态概率向量 $X^{(1)}$ 可通过替换 $X^{(0)}$ 中的概率 p_{ij} 为 b_{ij} 得到。如果记 $q_i^{(e)}$ 为任意时刻进程处于 $S = i$ 检测水平的稳态概率，那么有：

$$\begin{cases} q_1^{(e)} = \sum_{i=0}^{m} x_{1,i}^{(e)} \\ q_2^{(e)} = x_2^{(e)} \\ q_3^{(e)} = x_3^{(e)} \end{cases} \tag{3-17}$$

命题 3.1　采用构造马尔可夫链的方法，则有：

$$\begin{cases} ARL_0 = X^{(0)}(\boldsymbol{I} - Q^{(0)})^{-1}1 \\ ARL_1 = X^{(1)}(\boldsymbol{I} - Q^{(1)})^{-1}1 \end{cases} \tag{3-18}$$

其中，$\mathbf{1} = (1,1,\cdots,1)^T$，$\boldsymbol{I}$ 是单位矩阵。平均抽样样本容量 $E(n)$ 和平均抽样时间间隔 $E(h)$ 可分别求得如下：

$$\begin{cases} E(n) = p_c(n_1q_1^{(0)} + n_1q_2^{(0)} + (n_1 + n_2)q_3^{(0)}) \\ \qquad\quad + (1 - p_c)(n_1q_1^{(1)} + n_1q_2^{(1)} + (n_1 + n_2)q_3^{(1)}) \\ E(h) = p_c(h_1q_1^{(0)} + h_2q_2^{(0)} + h_2q_3^{(0)}) \\ \qquad\quad + (1 - p_c)(h_1q_1^{(1)} + h_2q_2^{(1)} + h_2q_3^{(1)}) \end{cases} \tag{3-19}$$

其中，p_c 指在任意抽样时刻进程处于受控状态下的概率。

除了平均运行长度 *ARL* 之外，还有两种衡量控制图性能表现的指标量也被业界和学界广泛地使用，即由塔加拉斯（Tagaras，1998）提出的两种指标量：平均触发警报信号时间（average time to signal，*ATS*）和调整后平均触发信号时间（adjusted average time to signal，*AATS*）。前者指的是从进程运行开始到控制图首次给出警报信号所需的平均时间；后者指的是从进程发生可归因因素开始到控制图首次发出警报信号所需的期望时间。

类似于 *ARL* 的分类，当进程处于受控状态时，*ATS* 用来评估控制图发出错误警报的强度，记为 ATS_0；当进程处于失控状态时，*ATS* 用来评估控制图检测可归因因素的能力，记为 ATS_1；*AATS* 常用来衡量控制图检测不合格品率发生偏移所用的时间。一般地，ATS_1 可求得如下（Carot et al.，2002）：

$$ATS_1 = ARL_1 \times E(h) \tag{3-20}$$

假设进程在运行过程中发生可归因因素的时间间隔服从指数分布，强度为 λ。则当所采用的抽样间隔策略为 $h_1(h_2)$ 时，记 $\tau_1(\tau_2)$ 为在第 j

次抽样和第 $j+1$ 次抽样区间中发生进程偏移的平均时间，那么有：

$$\tau_1 = \frac{\int_{h_1 j}^{h_1(j+1)} \lambda(x-h_1)e^{-\lambda x}\mathrm{d}x}{\int_{h_1 j}^{h_1(j+1)} \lambda e^{-\lambda x}\mathrm{d}x} = \frac{1-(1+\lambda h_1)e^{-\lambda h_1}}{\lambda(1-e^{-\lambda h_1})} \tag{3-21}$$

$$\tau_2 = \frac{\int_{h_2 j}^{h_2(j+1)} \lambda(x-h_2)e^{-\lambda x}\mathrm{d}x}{\int_{h_2 j}^{h_2(j+1)} \lambda e^{-\lambda x}\mathrm{d}x} = \frac{1-(1+\lambda h_2)e^{-\lambda h_2}}{\lambda(1-e^{-\lambda h_2})} \tag{3-22}$$

故由式（3－21）和式（3－22）可推得，在第 j 次抽样和第 $j+1$ 次抽样之间进程出现偏移的平均期望时间为：

$$\xi = \tau_1 \times \phi + \tau_2 \times (1-\phi) \tag{3-23}$$

其中：

$$\phi = \frac{q_1^{(0)} \times h_1}{q_1^{(0)} \times h_1 + (q_2^{(0)} + q_3^{(0)}) \times h_2} \tag{3-24}$$

由于进程在运行中处于受控状态的时间长度是一个指数分布的随机变量，那么对于任意一个给定的进程偏移强度，M—DSVSI 控制图的 $AATS$ 可计算如下：

$$AATS = ATS_1 - \xi \tag{3-25}$$

3.4 经济设计模型

在很多控制图文献研究中，控制图设计往往只关注其统计表现而忽视控制图使用带来的经济影响。使用控制图会产生经济结果，例如，进程检测过程中产生的抽样和检测的成本、调查可归因因素的成本等，而这些往往会受到控制图设计参数的影响。在这一节，我们尝试构建 M—DSVSI np 控制图的经济设计模型，通过构建一个一般的成本函数，在单个周期时间上最小化目标成本函数来优化控制图的设计参数。这里我们采用洛伦岑和范斯（Lorenzen & Vance，1986）提出的经典经济设计模型，该模型由于贴合实际、易于理解的优点被很多学者所使用。首先给出模型构建的四种假设。

（1）进程开始运行时处于受控状态。

（2）进程在运行的过程中可能发生可归因因素，可归因因素的出现使得进程生产产品不合格品率增大。

（3）当控制图发出警报信号时，进程停止运行。

（4）进行二次抽样时，假设两次抽样的间隔时间可以忽略不计，即时间间隔为0。

M—DSVSI np 控制图的单个运行周期包括以下三个部分。

（1）受控阶段：假设进程从受控状态开始运行，进程处于受控状态的时间间隔服从指数分布，那么进程处于受控阶段的平均时间为$\frac{1}{\lambda}$。

（2）失控阶段：进程处于失控阶段的期望时间长度是 $AATS$。

（3）寻找并消除可归因因素的时间长度，通常假定为一个常量，记为 $v(v > 0)$。

综上所述，M—DSVSI np 控制图的单周期时间期望值 $E(T)$ 为：

$$E(T) = \frac{1}{\lambda} + AATS + v \tag{3-26}$$

在成本函数的构建中，通常考虑以下五个部分。

（1）进程处于受控状态下的生产成本。记 C_0 为进程处于受控状态下的单位时间生产成本，故在一个生产周期内，进程处于受控状态下时的期望生产成本为$\frac{C_0}{\lambda}$。

（2）进程处于失控状态下的成本。记 C_1 为进程处于失控状态下的单位时间生产成本，故在一个生产周期内，进程处于失控状态下的

期望生产成本为 $C_1 \times AATS$。

（3）抽样、检测和绘图的成本。记 C_2 和 C_3 分别为固定的抽样、检测和绘图成本及因抽样样本容量不同造成的变量抽样、检测和绘图成本。那么根据前面的讨论可知，进程处于受控状态时期望的抽样次数为 $s = \dfrac{\frac{1}{\lambda} - \xi}{E(h)}$。当进程中的不合格品率增大，即进程发生偏移时，此时的期望抽样次数为 $\dfrac{AATS}{E(h)}$。故在一个周期时间内，进程因抽样、检测和绘图造成的总成本为 $\left(s + \dfrac{AATS}{E(h)}\right) \times (C_2 + C_3 E(n))$。

（4）当可归因因素发生时，寻找并消除一个可归因因素的成本，记为 C_4。

（5）错误警报的成本。由前面的分析可知，出现一次错误警报的概率是$\dfrac{1}{ARL_0}$。已知进程在受控状态下期望的抽样次数为 s，则发生错误警报的期望次数为$\dfrac{s}{ARL_0}$。记调查一个错误警报的成本为 C_5。那么在一个生产周期内，由于错误警报造成的生产成本为$\dfrac{s \times C_5}{ARL_0}$。

综上所述，进程在单个生产周期内的期望总成本为：

$$E(C) = \frac{C_0}{\lambda} + C_1 \times AATS + \left(s + \frac{AATS}{E(h)}\right) \times (C_2 + C_3 E(n)) + C_4 + \frac{s \times C_5}{ARL_0} \tag{3-27}$$

故单位时间内进程的期望成本函数可写为：

$$E(A) = \frac{E(C)}{E(T)} \tag{3-28}$$

整理上述公式可得 M—DSVSI np 控制图的经济设计模型为：

$$
\begin{aligned}
&\text{目标函数：} && \min E[A] \\
&\text{满足条件：} && 0 < w_t \leqslant w_n < UCL_1 \\
& && 0 < UCL_2 < UCL_1 \\
& && 0 < h_2 \leqslant h_1 \leqslant h_{\max} \\
& && 0 < n_1 \leqslant n_{\max} \qquad (3-29)\\
& && 0 < n_2 \leqslant n_{\max} \\
& && \tau \leqslant ARL_0 \\
& && m \in IN(\text{正整数}) \\
&\text{决策变量：} && n_1, n_2, h_1, h_2, UCL_2, w_n, m
\end{aligned}
$$

在上式中，$n_{\max}$和$h_{\max}$分别表示被允许的最大抽样样本容量值和最大抽样样本间隔值。τ代表进程在受控状态下被允许的控制图发出警报信号的最短时间间隔。τ的值会根据质量工程师对于错误警报强度的要求来确定。一般地，当处理错误警报信号的成本较高时，τ的值应该取大一些从而减少错误警报的发生。

3.5 数值分析

前面所建立的控制图经济设计模型是一个非线性规划模型，同时决策变量中混合有离散变量和连续变量，一般的计算方法很难将其优化。对于这种情况，启发式算法是解决这种问题的常用手段，而其中的遗传算法由于广泛的适用性和有效性等优点，常常被用来优化控制图的设计问题。在控制图设计研究中，已有不少学者尝试用这一方法解决类似的问题。例如，何和格里戈良（He & Grigoryan，2006）用遗传算法解决了双抽样 $\overline{X}$ 控制图的最优化设计问题。类似地，艾哈迈德等（Ahmed et al.，2014）和仇等（Chou et al.，1970）等也采用遗传算法解决了关于控制图的优化设计问题。在本章中，我们尝试建立遗传算法来优化选择最佳的 M—DSVSI np 控制图经济设计方案。

在遗传算法的使用中需要建立简单的交叉算子和变异算子。交叉算子是指在匹配池中任选两条染色体，随机选择染色体中一点或多点交换点位置。双亲染色体交换点右边的部分，从而得到两个新的染色体数字串，如此得到一个新的目标问题的可行解。对变异算子而言，变异运算常用来模拟生物在自然的遗传环境中，由于各种偶然因素引起的基因突变，它以很小的概率随机地改变遗传基因（染色体符号串的某一位）的值。在染色体以二进制编码的系统中，它随机地将染色体的某一个基因由 1 变为 0，或由 0 变为 1。本章采用的遗传算法参数通过试错法反复试验确定，初始种群的个数、交叉强度和变异强度分别设定为 300、0.7 和 0.25。

下面我们通过具体的数值实验结果评估 M—DSVSI np 控制图的统计表现和经济表现。为了验证模型的有效性，我们将传统的 np 控制图建立起来作为对比模型。不失一般性，算例中一些基本的参数值设定参考了邱和成（Chiu & Cheung，1977）文章中的数据，即有 $C_0=10$，$C_1=100$，$C_2=0.5$，$C_3=0.1$，$C_4=30$，$C_5=10$，$v=0.1$。另外，模型假定 $p_c=0.5$，$\lambda=0.02$，τ 的初始值为 104。

3.5.1 比较控制图的统计表现

在生产实践中，进程在受控状态下的不合格品率 p_0 和进程处于失控状态下的不合格品率 p_1 的取值通常是由历史数据估计得来，因而是不准确的。当数据信息有误差时，控制图的检测性能是否依然能够保持稳定，是质量管理者较为关心的问题。所以考虑不合格品率 p_0 和 p_1 在不同取值情况下 M—DSVSI np 控制图的统计表现就显得尤为重要。为了体现 M—DSVSI np 控制图的高效性，这一节首先给出传统

np 控制图的设计方案，并将其作为比较的对象。

一般情况下，生产产品中的合格品数量通常是越大越好，不合格品数量越少越好，所以对于传统的 np 控制图，类似上文中的假设，我们只考虑其控制上限。记传统 np 控制图的控制上限为 $L(L>0)$，那么有：

$$L = n_1 p_0 + 3\sqrt{n_1 p_0 (1 - p_0)} \tag{3-30}$$

则对于传统 np 控制图，处于失控状态下触发警报信号的平均运行长度 ARL_1 可计算为：

$$ARL_1 = 1/(1 - B(n_1, L, p_1)) \tag{3-31}$$

在模型参数 p_0 和 p_1 取值不同的情况下，表 3-1 给出了三种 np 控制图在不同参数取值下 ARL_1、ATS_1 以及 $AATS$ 的各自优化值。

表 3-1　　　三种 np 控制图的统计表现比较

参数设定	统计表现	ARL_1			ATS_1			$AATS$		
p_0	p_1	M—DSVSI	DSVSI	np	M—DSVSI	DSVSI	np	M—DSVSI	DSVSI	np
0.01	0.02	17.9393	18.3085	18.3085	59.9826	64.2164	87.4236	58.1775	63.7965	85.1243
	0.04	3.8756	4.0569	4.0569	12.5099	13.0680	13.7742	11.2419	11.4067	12.8916
	0.06	2.0103	2.0788	2.0788	5.0658	7.4426	7.9547	4.2994	7.0129	7.4068
0.03	0.06	5.7949	6.3216	8.8097	23.2955	25.4425	44.3720	22.37655	24.6218	42.1562
	0.08	2.6873	2.8202	3.8656	6.4523	10.1065	15.3712	5.7846	9.9912	14.2158
	0.10	1.7574	1.7836	2.3120	4.1948	4.8326	10.3177	3.8867	4.2613	9.2169
0.05	0.08	9.2506	10.3755	11.6299	28.3132	28.5847	29.9146	26.7147	27.9938	28.0654
	0.10	3.9549	4.4358	4.9997	12.3794	12.8775	13.9460	10.8742	11.8625	12.4822
	0.20	1.1400	1.1454	1.1480	2.4058	3.0021	3.5460	1.4216	2.6752	2.9526

由表 3-1 数值结果观察可知，在所有给定的参数取值环境下，M—DSVSI np 控制图 ARL_1、ATS_1 以及 $AATS$ 的取值相较于其他两种控制图的取值始终是最小的。这表明 M—DSVSI np 控制图在 ARL_1、ATS_1 以及 $AATS$ 统计指标方面要始终优于一般的 np 控制图。与此同

时，我们发现 M—DSVSI np 控制图的 ARL_1、ATS_1 以及 $AATS$ 优化值相较于 DSVSI np 控制图的取值要小，这说明多重状态相依抽样策略是有效的，它有助于进一步改进控制图的统计表现。

当控制图其他参数取值保持不变，随着进程失控状态下不合格产品率 p_1 值的增大，ARL_1、ATS_1 以及 $AATS$ 值会相应地减小。这表明在进程处于失控状态下，不合格品率的增大会使控制图更容易检测到进程中出现的可归因因素并及时地发出警报信号。另外，我们发现在 p_1 值由小到大的前期，三种控制图的检测能力提升比例较大；当 p_1 值增大到某一程度时，控制图检测能力的提升比例也越来越小。相反地，当进程处于失控状态下不合格品率 p_1 保持不变，进程受控状态下的不合格品率 p_0 增大时，ARL_1、ATS_1 以及 $AATS$ 取值也会相应地增大。这意味着当生产标准要求较为宽松时，控制图的检测能力被削弱，发现可归因因素并触发警报信号的时间会相应地延长。经过对比可知，当生产者对于生产标准要求较高，即 p_0 取值较小的情况下，M—DSVSI np 控制图相较于其他两张 np 控制图依然能够更加快速地检测到进程中出现的可归因因素，并及时地发出警报信号。

3.5.2 单位时间总成本的比较

上一节给出了三种 np 控制图之间的统计表现比较，这一节我们将给出 M—DSVSI np 控制图与另外两种 np 控制图之间经济表现的比较。为了比较这三种 np 控制图之间的经济表现，我们定义指标量 $\beta_{M/D}$ 和 $\beta_{M/n}$ 分别如下：

$$\begin{cases} \beta_{M/D} = \dfrac{E(A)_{DSVSI} - E(A)_{MDSVSI}}{E(A)_{DSVSI}} \times 100\% \\ \beta_{M/n} = \dfrac{E(A)_{np} - E(A)_{MDSVSI}}{E(A)_{np}} \times 100\% \end{cases} \tag{3-32}$$

其中，$\beta_{M/D}$ 表示 M—DSVSI np 控制图相较于 DSVSI np 控制图经济成本

上的节约比例；$\beta_{M/n}$表示 M—DSVSI np 控制图相较于传统的 np 控制图经济成本上的节约比例。M—DSVSI np 控制图经济表现及其改进比例见表 3 –2。

表 3 –2　M—DSVSI np 控制图经济表现及其改进比例

参数设定	经济表现	单位时间成本 $E(A)$			改进比例（%）	
p_0	p_1	M—DSVSI	DSVSI	np	$\beta_{M/D}$	$\beta_{M/n}$
0. 01	0. 02	38. 5045	38. 8549	38. 8549	0. 9	0. 9
	0. 04	21. 0686	31. 3401	21. 3401	1. 27	1. 27
	0. 06	19. 3456	19. 8842	20. 0876	2. 71	3. 69
0. 03	0. 06	25. 1468	25. 5491	28. 1302	1. 57	10. 61
	0. 08	19. 5312	19. 5562	21. 0406	0. 13	7. 17
	0. 10	18. 8769	19. 5012	20. 7742	3. 20	9. 13
0. 05	0. 08	30. 6468	32. 1599	32. 1599	4. 70	4. 70
	0. 10	17. 4612	22. 5655	23. 2785	22. 62	24. 99
	0. 20	16. 8845	18. 3423	20. 4752	7. 95	17. 54

表 3 –2 给出了不同参数取值情况下三种 np 控制图单位时间期望总成本的最优值。根据表 3 –2 中的实验结果可以发现，M—DSVSI np 控制图的单位时间期望总成本总是小于传统 np 控制图，这表明在考虑经济效益的情况下，M—DSVSI np 控制图要优于传统的 np 控制图。同时，也可以发现 M—DSVSI np 控制图的单位时间总成本要小于 DS-VSI np 控制图的单位时间总成本，这证明了多重状态相依抽样策略对于减少由于控制图运行所造成的经济成本是有效的。另外，我们也发现，当进程受控状态下不合格品率 p_0 保持不变，进程处于失控状态下不合格品率 p_1 值增大时，M　DSVSI np 控制图相较于其他两种控制图经济成本上的节约比例也越大。

在上述给定的参数设定值下，通过计算可知，相较 DSVSI np 控制图和传统的 np 控制图，M—DSVSI np 控制图可以分别减少平均 5. 01% 和 8. 89% 的经济成本。

3.5.3 经济设计模型的鲁棒性分析

表3-2的数值结果表明，进程处于失控状态下的不合格品率 p_1 增大时，三张控制图的单位时间总成本都会减小。进程受控状态下不合格品率 p_0 减小时，控制图单位时间总成本也会随之降低。这是因为当进程不合格品率偏移较大时，控制图能够快速地检测到这一变化并发出警报信号，因此，进程处于失控状态下的时间间隔就会缩短，这样不仅避免了更多不合格产品的产生，同时抽样的次数也会减少。同样地，当进程处于受控状态下的不合格品率 p_0 增大时，控制图的单位时间成本 $E(A)$ 也会增加。p_0 的增大意味着生产标准在逐渐放宽，这样当进程失控时，控制图触发警报信号的时间会相应地延长，故控制图的单位时间成本也会随之增大。

下面我们观察在给定情况下（$p_0=0.03$，$p_1=0.06$），一些重要参数在不同水平上取值波动时对进程单位时间总成本 $E(A)$ 的影响。在表3-3中，Level 1 代表控制图设计参数初始设定值；Level 2 和 Level 3 分别表示在 Level 1 参数初始设定值的基础上增大10%和20%。为了了解当参数在不同水平值变化时对于进程单位时间总成本的影响，我们定义符号 *Range*（%）如下：

$$Range(\%) = \frac{\max(\text{Level 1},\text{Level 2},\text{Level 3}) - \min(\text{Level 1},\text{Level 2},\text{Level 3})}{\text{Level 1}} \times 100\% \tag{3-33}$$

表3-3　$p_0=0.03$，$p_1=0.06$ 情况下参数变化对单位时间成本 $E(A)$ 的影响

参数	Level 1	Level 2	Level 3	单位时间成本 $E(A)$			
				Level 1	Level 2	Level 3	*Range*（%）
τ	104	114	125	25.1468	25.7716	26.1218	3.88
λ	0.02	0.022	0.024	25.1468	26.2358	27.1325	7.9

续表

参数	Level 1	Level 2	Level 3	单位时间成本 $E(A)$			
				Level 1	Level 2	Level 3	*Range*（%）
C_0	10	11	12	25.1468	25.9437	26.6314	5.9
C_1	100	110	120	25.1468	26.3325	26.9952	7.35
C_2	0.5	0.55	0.6	25.1468	25.0731	26.1112	3.84
C_3	0.1	0.11	0.12	25.1468	25.7524	26.0329	3.52
C_4	30	33	36	25.1468	25.4246	25.6375	1.95
C_5	10	11	12	25.1468	25.6437	26.0021	3.4
v	0.1	0.11	0.12	25.1468	25.2237	25.6425	1.97
P_c	0.5	0.55	0.6	25.1468	23.1452	22.3386	11.17

表3-3总结了进程中一些重要参数对于单位时间总成本的灵敏度分析结果。根据分析可知，当目标参数在不同水平值上变动时，最优的单位时间总成本值波动较小，这表明 M—DSVSI np 控制图经济设计模型对于模型参数的波动具有一定的鲁棒性。即当参数估计在一定程度上不准确或有偏差时，它们对于本章所提出的经济设计模型影响较小。由于在生产实践中，控制图各项参数均是由历史数据估计而来，难免会有误差，此时这一性质就会显得十分重要。同时我们也注意到模型对于可归因因素发生强度 λ、受控状态下单位时间成本 C_0、失控状态下单位时间成本 C_1 以及进程在任意时刻处于受控状态的概率 p_c 的取值变化较为敏感。因此，在实际操作中，质量管理者对于这些参数的估计要着重注意。

3.6　本章小结

在本章中，我们首先对 MDS 策略和控制图的经济设计理念作了简单的介绍；其次，为了设计一张能够充分利用历史样本信息且对于进程小偏移敏感的 np 控制图，本章对传统的 np 控制图作了两方面的改进：一是将双抽样和动态调整抽样时间间隔策略加入到传统 np 控制图设计中，提出了一张 DSVSI np 控制图；二是在 DSVSI np 控制图的基础上引入 MDS 的抽样策略，建立了一张 M—DSVSI np 控制图。本章采用构造马尔可夫链的方法构建了 M—DSVSI 控制图单位时间上的成本函数模型，并采用遗传算法对目标函数进行优化，从而得到最优的控制图设计方案。本章提出的 M—DSVSI np 控制图具有一些很好的性质：统计表现较好，能够更加快速地检测并警示可归因因素的发生；经济表现较好，相较于传统的 np 控制图，节约了经济成本；对于进程参数的波动具有一定的鲁棒性。同时，基于数值结果，我们给出了控制图参数设计的一些启示，这些启示能够给实际操作者提供一些理论指导，使得控制图操作更为简便。

本章所提出的 np 控制图对于进程小的偏移波动更加灵敏，适用于高品质生产进程的检测。然而，需要指出的是，改进后 np 控制图的设计较为烦琐复杂，如何简化设计程序使得控制图操作更加简便也是我们下一步要解决的问题。

第4章　自适应 $\overline{X}$ 合成控制图与生产设备维护管理的联合设计研究

4.1　引言

在第3章中，我们对计数值控制图中最为重要的一类控制图——np控制图作了改进研究，但计数值控制图并非在任何生产环境下都是适用的。一般地，当生产进程只能定性地描述而不能定量地描述时，采用计数值控制图；当所确定的进程质量特性能够定量描述时，则采用计量值控制图。另外，计数值控制图通常只能在产品生产完成之后才能抽取样本，而且相较于计量值控制图往往需要更多的样本。故在很多情况下，计量值控制图在工业应用中有着不可替代的地位。常见的计量值控制图有均值 $\overline{X}$ 控制图、中位数—极差控制图、单值—移动极差控制图等。这一章我们将尝试对计量值控制图中具有代表意义的 $\overline{X}$ 控制图做改进设计。本章的研究工作主要从两个方面展开，一是给出 $\overline{X}$ 控制图的改进设计方案；二是在制造业环境下，建立起改进后 $\overline{X}$ 控制图与维护管理的集成模型。由于本章的控制图设计是在吴和斯佩丁（Wu & Spedding，2000）研究工作的基础上进行改进设计，下面我们首先对吴和斯佩丁所提出的控制图方案做简要的介绍。

吴和斯佩丁在2000年提出了 $\overline{X}$ 合成控制图的设计方案，他们所提出的合成控制图有效地克服了传统休哈特控制图对于进程均值小偏移不灵敏、反应迟钝的缺点。一般的 $\overline{X}$ 合成控制图是由一张 $\overline{X}$ 控制子图和一张合格品链长（conforming run length，CRL）控制子图组合而成。对比研究发现，当进程均值偏移大于或等于 0.8σ（σ 为进程标准差）时，$\overline{X}$ 合成控制图在进程失控下的平均运行长度要小于 EWMA 控制图和 $\overline{X}$—EWMA 控制图以及任何进程偏移情况下的传统 $\overline{X}$ 控制图。下面首先给出 $\overline{X}$ 合成控制图的简单介绍及 $\overline{X}$ 合成控制图平均运行长度的具体计算方法。

记 μ_0 为进程处于受控状态下的均值，$ARL(\delta)$ 为控制图检测到进程均值由 μ_0 偏移至 $\mu_0 \pm \delta\sigma(\delta \geqslant 0)$ 时运行的平均运行长度。对于 $\overline{X}$ 控制图的设计，记抽样样本容量为 n，控制图控制限系数为 k，则有 $ARL(\delta) = \frac{1}{P}$，其中 P 为 $\overline{X}$ 控制图的检测能力，可计算为：

$$P = 1 - [\Phi(k - \delta\sqrt{n}) - \Phi(-k - \delta\sqrt{n})] \tag{4-1}$$

对于一张 CRL 控制图，已知统计量 CRL 服从几何分布，若进程中不合格产品率为 p，CRL 控制图控制限为 $L(L > 0)$，则有：

$$ARL_{CRL} = \frac{1}{1 - (1 - p)^{L}} \tag{4-2}$$

如此，对于一张一般的 $\overline{X}$ 合成控制图而言，进程处于失控状态下控制图的平均运行长度 ARL_S 可计算如下：

$$ARL_S = \frac{1}{P} \times \frac{1}{1 - (1 - P)^{L}} \tag{4-3}$$

吴和斯佩丁所提出的 $\overline{X}$ 合成控制图由于良好的统计表现，受到学者们的广泛关注。近期关于 $\overline{X}$ 合成控制图的研究有：杨等（Yeong et al.，2014）在参数估计的情况下给出了 $\overline{X}$ 合成控制图的经济—统计设计方案。戴维斯和伍德尔（Davis & Woodall，2002）采用构造马尔可夫链的方法给出了一种新的 $\overline{X}$ 合成控制图在初始状态和稳定状态下平均运行长度的计算方法。霍等（Khoo et al.，2011）提出了一个双抽样（DS）$\overline{X}$合成控制图的设计方案。其他相关研究文献还有玛丽亚和斯蒂芬（Maria & Stephen，2001）、黄和陈（Huang & Chen，2005）、马查多等（Machado et al.，2009）等。在本章中，我们将VSSI抽样策略引入$\overline{X}$合成控制图的设计中，提出了一个自适应$\overline{X}$合成控制图设计方案。我们的数值实验表明，改进后的$\overline{X}$合成控制图相较于一般的$\overline{X}$合成控制图能够进一步提高控制图的检测能力。

在保证产品质量的过程中，统计过程控制和维护管理是两种常用的方法和手段。一方面，控制图检测进程是否出现异常，有效避免了大量不合格产品的出现，防止了系统出现异常情况，为生产设备维护策略的实施和最终优化提供了信息支持；另一方面，设备维护管理主要是为了保持或提高生产设备的可靠性，从而保证了生产进程的稳定性，减少了产品的质量波动。由此可见，两者关系紧密、相辅相成。然而，不管学术研究还是实践应用，这两种方法却一直处于被独立研究和应用的状态。麦科恩等（McKone et al.，2001）曾强调，统计和维护管理在过程控制应用中具有互为强调和补充的功能。控制图设计与维护策略的结合研究也越来越受到学者们的关注。

在本章中，我们尝试将改进后的$\overline{X}$合成控制图与维护策略结合在一起，建立一个控制图—维护集成模型。在实践中，产品质量的异常变异多数是由于设备原因造成的，因此可以利用产品质量变异信息来反映设备的实时状态，从而实现设备的动态维护管理。正是基于这一点，在该集成模型中，本章利用质量控制图的信号来动态调节设备维护计划，实现了统计质量控制与设备维护管理的集成。数值结果表明，相较于独立的控制图模型和独立的维护策略模型，集成模型能够带来更好的经济结果。

4.2　模型描述

考虑一个由单个生产设备构成的生产系统，系统进程处于连续的生产状态之中并假定只能生产一种产品。假设进程从统计受控状态开始运行，并能够通过检测产品的某个重要质量特性（critical to quality，CTQ）X 来了解当前生产产品的质量状况。在本章中，我们假定 X 是一个服从正态分布的随机变量，当进程处于受控状态时，X 的目标均值和标准差分别为 μ_0 和 σ_0，即 $X \sim N(\mu_0, \sigma_0^2)$。

生产设备在运行过程中可能发生故障并对产品质量造成影响。在这里我们考虑两种类型的故障：Type Ⅰ 故障和 Type Ⅱ 故障。Type Ⅰ 故障假定为重大故障，出现这类故障会直接导致设备停止运行（停机），因而能够被管理人员直接观察发现。当这类故障发生时，管理者对设备执行纠正型维护（corrective maintenance，CM）从而使得设备恢复到初始的完美状态（as good as new）。为后续建模方便，这里记执行纠正型维护所需要的平均时间和单位时间上的成本分别为 T_{cm} 和 C_{cm}。Type Ⅱ 故障假定为小故障，当这类故障发生时，设备仍然能够保持运行，但生产产品的质量会受到一定影响。具体地，Type Ⅱ 故障使进程均值发生偏移，即由正常时的 μ_0 偏移至 $\mu_0 + \delta_{\text{II}}\sigma_0(\delta_{\text{II}} \geqslant 0)$，均值发生偏移的直接影响是造成产品生产不良率升高。换而言之，Type Ⅱ 故障的发生将会使得进程从受控状态偏移至失控状态。如果在进程质量检测中发现 Type Ⅱ 故障的发生，管理者将会立即终止进程的运行并执行与 Type Ⅰ 故障相同的纠正型维护，进而使进程能够从失控状态恢复到受控状态。在本章中，除了上述两类故障，我们同时考虑有异于设备故障的外部因素（external causes）的存在，它同 Type Ⅱ 故障一样，同样能够导致进程均值的偏移。外部因素在生产实践中时有发生，常见的外部因素有环境因素、设备误操作以及错误工具的使用等。为了同 Type Ⅱ 故障区别开来，假设外部因素的出现导致进程均值由 μ_0 偏移至 $\mu_0 + \delta_E\sigma_0(\delta_E \geqslant 0)$。当外部因素被确认时，管理者将重启设备，之后，进程从失控状态恢复到受控状态。记执行设备重启所需的平均时间和单位时间成本分别为 T_{reset} 和 C_{reset}。需要指出的是，不同于维护策略，重启只是将进程调整到失控状态之前的受控状态。所以，不失一般性，通常假定 $C_{cm} > C_{reset}$，$T_{cm} > T_{reset}$。

由于 Type Ⅱ 故障和外部因素只会造成进程均值的偏移，不影响设备的正常运行，因此很难直接观察到它们的发生。而控制图是一种对生产过程的关键质量特性值进行测定、记录、评估，并监测过程是否处于控制状态的重要工具，它能够通过检测产品的质量特性值从而为生产设备的运行状况提供信息支持。在本章中，我们采用控制图工具检测进程偏移并根据控制图发出的警报信号判定可归因因素产生的原因。

控制图动态调整维护策略的思路是，在每次抽样时刻，根据抽样样本信息计算样本统计量并放在控制图中观察，从而判断进程是否仍处于受控状态。如果控制图发出失控警报，管理者立即查找引起控制图信号产生的原因（Type Ⅱ 故障或者外部因素）。当然，我们假定通过调查可以辨别控制图信号是由哪一类原因造成的。正如潘迪等（Pandey et al.，2011）和什里瓦斯塔瓦等（Shrivastava et al.，2015）在其研究中指出，通常假定调查措施是可行有效的，即在给定充分的时间区间内，调查能够识别并检测出设备因何种原因失控。记 T_1 为调查可归因因素的平均时间。T_1 的时间长度可以随着不同的生产进程作相应的调整。

另外，生产设备在运行时间长度 t_{pm} 后，无论进程在 t_{pm} 时刻处于何种状态，只要控制图没有给出失控信号，则对设备立即执行一次计划型维护（preventive maintenance/planned maintenance，PM）。假设计划性维护的恢复因子为 $0 < p < 1$，即在执行计划型维护之后，设备的寿命有 $p \times 100\%$ 的概率恢复到"as good as new"的状态，有 $(1-p) \times 100\%$ 的概率停留在当前的状态中。即本章所考虑的计划型维护是一类不完美维护。记 T_{pm} 和 C_{pm} 分别为执行计划型维护所需的平均时间和单位时间成本。图 4－1 给出了本章所提出的控制图—维护集成模型

的基本框架。

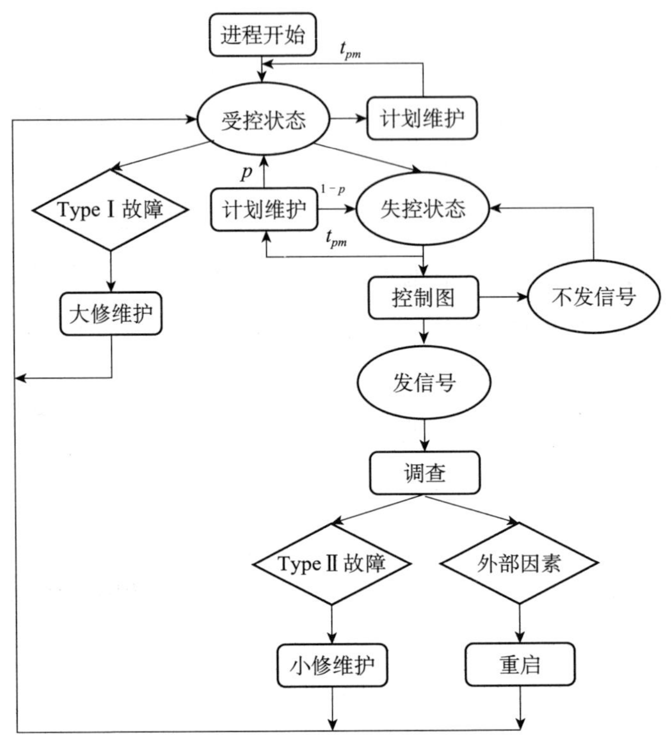

图 4-1　整合模型基本框架

执行计划型维护的频率势必会影响设备发生故障的强度。一般情况下，计划型维护强度越大，设备发生故障的概率越小。但是，在一个较短的时间内，很难计算设备发生故障的准确次数。在文献研究中，通常假定设备出现故障的时间服从威布尔分布（Cassady et al.，2005）。再者，在生产实践中，不完美的计划性维护在生产系统中普遍存在。在执行不完美维护之后，设备状态介于“as good as new”和维护行为前的设备状态之间，而这种假定无疑会增加优化问题的复杂性。为了解决这个问题，学者们通常运用仿真手段来预测设备故障发生次数和计划性维护强度之间的关系。木岛英登（Kijima，1989）在1989年提出的数学模型常常被用来仿真设备的寿命。学者们根据木岛英登的模型研究发现，设备故障间的时间间隔通常服从指数分布。

由上述可知，进程处于受控状态的时间长度由 Type Ⅱ 故障和外部因素决定。为了区别开来，这里假定设备在运行中发生外部因素的时间间隔服从非负的指数分布，强度为 λ_1；发生 Type Ⅱ 故障的时间间隔也服从非负的指数分布，强度为 λ_2。需要强调的是，Type Ⅱ 故障的发生和外部因素的发生是相互独立的，两者不会同时出现。因此，生产进程中可归因因素的发生强度 λ 应该是 Type Ⅱ 故障发生强度和外部因素发生强度之和，即 $\lambda = \lambda_1 + \lambda_2$。我们参考潘迪等（Pandey et al.，2011）、什里瓦斯塔瓦等（Shrivastava et al.，2015）以及丹部和库尔卡尼（Tambe & Kulkarni，2015）的研究结果，假设设备发生故障的次数和计划性维护时间间隔成函数关系，即 $N_f = a \times t_{pm}^{b}(0 < a, 0 < b < 1)$。同样地，我们假定 Type Ⅰ 故障和 Type Ⅱ 故障不能够同时发生。对于一个已发生的设备故障，假设该故障属于 Type Ⅰ 故障和 Type Ⅱ 故障的概率分别为 P_{I} 和 P_{II}，且有 $P_{\mathrm{I}} + P_{\mathrm{II}} = 1$。

4.3 自适应 $\overline{X}$ 合成控制图

根据上一节描述可知，我们尝试利用控制图信号动态调节设备的维护策略。那应该怎样选择一张合适的控制图呢？在本章中，我们尝试在吴和斯佩丁（Wu & Spedding，2000）研究工作的基础上提出一张自适应的 $\overline{X}$ 合成控制图，并建立起改进后 $\overline{X}$ 合成控制图与维护管理的集成模型。与传统的 $\overline{X}$ 合成控制图类似，这里提出的自适应的 $\overline{X}$ 合成控制图同样是由 $\overline{X}$ 控制图和 CRL 控制图两张控制子图组合而成。不同于一般的 $\overline{X}$ 控制图，这里的 $\overline{X}$ 控制子图有上下2条控制限，2条预警限，共4条控制限，它们可分别计算为：

$$UCL = \mu_0 + k_1\sigma_{\overline{X}} \tag{4-4}$$

$$UWL = \mu_0 + k_2\sigma_{\overline{X}} \tag{4-5}$$

$$LWL = \mu_0 - k_2\sigma_{\overline{X}} \tag{4-6}$$

$$LCL = \mu_0 - k_1\sigma_{\overline{X}} \tag{4-7}$$

其中，$\sigma_{\overline{X}}$ 为进程在受控状态运行下采样样本均值的标准差，k_1 和 k_2（$k_1 > k_2 > 0$）为控制限系数，作为决策变量。为方便起见，这里将 $\overline{X}$ 控制子图划分为三个区域：

R1（中心区域）：$LWL < \overline{X} < UWL$；

R2（警戒区域）：$LCL \leqslant \overline{X} \leqslant LWL$ 或 $UWL \leqslant \overline{X} \leqslant UCL$；

R3（发信号区域）：$\overline{X} < LCL$ 或 $\overline{X} > UCL$。

在本章中，*CRL* 定义为当前抽样样本统计量落在警戒区域距离前次抽样样本统计量落在警戒区域（如果之前没有样本落在警戒区域，则从开始抽样时算起）之间、抽样样本落在中心区域的个数。易知，*CRL* 是一个越大越好（larger the better）的量。*CRL* 子图只有一条控制限，记为 L。在抽样策略设计中，我们考虑了两种可选的抽样样本容量方案 n_S 和 n_L 以及两个不同的抽样间隔方案 h_L 和 h_S，且有 $h_L > h_S > 0$，$n_L > n_S > 0$。即在自适应 $\overline{X}$ 控制图运行过程中考虑了两种抽样方案（n_S，h_L）和（n_L，h_S），前者为宽松的抽样方案（relaxed sampling plan），后者为加紧抽样方案（tightened sampling plan）。

自适应 $\overline{X}$ 合成控制图的操作步骤如图 4－2 所示。

（1）预先设定 $\overline{X}$ 控制图上下控制限 *UCL* 和 *LCL*、两条警戒线 *UWL* 和 *LWL* 以及 *CRL* 子图控制限 L。

（2）在每一次抽样时刻，随机抽取样本并计算样本均值 $\overline{X}$。

（3）如果样本均值落在 R3 区域内，则认为此时进程处于失控状态，控制图发出警报信号。质量管理者调查信号原因，并根据调查结果对设备采取相应的维护策略。在维护行为结束后，控制图流程返回到步骤（2），并在下次抽样间隔中采用宽松的抽样方案。

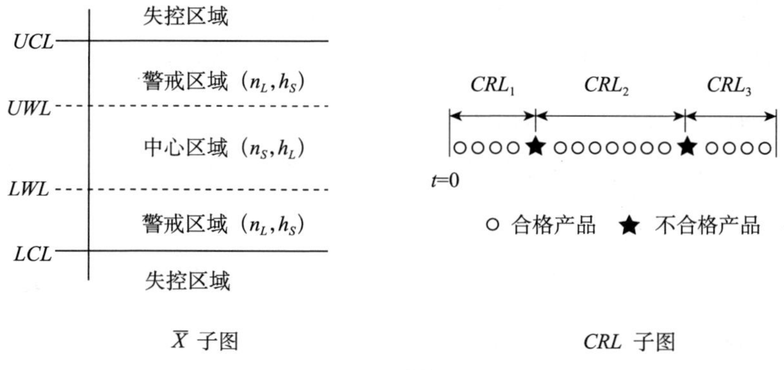

图 4－2　自适应 $\overline{X}$ 合成控制图

（4）如果样本均值落在 R1 区域，则认为此时进程处于受控状态，下次抽样将采用宽松的抽样方案（n_S，h_L）。

（5）如果样本均值落在 R2 区域，则需检查并确认 *CRL* 的值。如果 *CRL* 的值大于最低控制限 *L*，则认为此时进程处于受控状态，但下次抽样执行加紧的抽样方案（n_L，h_S）；如果 *CRL* 的值小于最低控制限 *L*，则认为此时进程处于失控状态，控制图发出警报信号，质量管理者调查信号原因，并根据调查结果对设备采取相应的维护措施，在维护行为结束后，控制流程返回到步骤（2），下次抽样采用宽松的抽样方案（n_S，h_L）。

在吴和斯佩丁（Wu & Spedding，2000）所设计的控制图方案中，当样本均值落在 R3 区域时，虽然此时该样本被判定为不合格，但生产进程此时仍视为处于受控状态。相较于吴和斯佩丁提出的合成控制图方案，本章所提出的自适应合成 $\overline{X}$ 控制图有着更为严格的控制标准，因此有着更强的检测能力，同时 VSSI 自适应策略的引入也避免了检测资源的浪费。

控制图的性能表现常常通过控制图的平均运行长度（*ARL*）来衡量。*ARL* 表示控制图触发失控信号或者产生一个错误警报所需的平均样本个数。控制图的有效性和灵敏性通常用 ARL_1（进程在失控状态

下运行的 ARL）来衡量，ARL_0（进程在受控状态下运行的 ARL）用来评估控制图发出错误警报的强度。为方便下文自适应合成 $\overline{X}$ 控制图 ARL 的计算，这里定义如下符号。

$p_{out}^0(p_{out}^1)$：上一次抽样样本落在中心区域（警戒区域），本次抽样样本落在 $\overline{X}$ 控制子图控制限之外的概率。

$p_w^0(p_w^1)$：上一次抽样样本落在中心区域（警戒区域），本次抽样样本落在 $\overline{X}$ 控制子图警戒线区域之内的概率。

$p_c^0(p_c^1)$：上一次抽样样本落在中心区域（警戒区域），本次抽样样本落在 $\overline{X}$ 控制子图中心区域之内的概率。

戴维斯和伍德尔（Davis & Woodall，2002）提出了一种建立马尔可夫链的方法，用于计算生产进程在受控和失控状态下控制图的平均运行长度，该计算方法简单有效，在很多控制图研究文献中得到应用。本章我们采用他们所设计的这种方法来计算自适应合成 $\overline{X}$ 控制图的平均运行长度。下面首先给出一些常用的基本概率的计算。$\overline{X}$ 控制图的监测能力 p_{out}^0 和 p_{out}^1 可分别计算为：

$$\begin{cases} p_{out}^0 = Pr(\overline{X} \geqslant UCL) + Pr(\overline{X} \leqslant LCL) \\ \quad = 1 - \Phi(k_1 - \delta\sqrt{n_S}) + \Phi(-k_1 - \delta\sqrt{n_S}) \\ p_{out}^1 = 1 - \Phi(k_1 - \delta\sqrt{n_L}) + \Phi(-k_1 - \delta\sqrt{n_L}) \end{cases} \tag{4-8}$$

其中，$\Phi(\cdot)$ 为服从标准正态分布的随机变量的累积分布函数。类似地，可计算 p_w^0 和 p_c^0 为：

$$\begin{cases} p_w^0 = \Phi(k_1 - \delta\sqrt{n_S}) - \Phi(k_2 - \delta\sqrt{n_S}) \\ \quad + \Phi(-k_2 - \delta\sqrt{n_S}) - \Phi(-k_1 - \delta\sqrt{n_S}) \\ p_c^0 = Pr(LWL < \overline{X} < UWL) \\ \quad = \Phi(k_2 - \delta\sqrt{n_S}) - \Phi(-k_2 - \delta\sqrt{n_S}) \end{cases} \tag{4-9}$$

p_w^1 和 p_c^1 可类似地计算为：

$$\begin{cases} p_w^1 = \Phi(k_1 - \delta\sqrt{n_L}) - \Phi(k_2 - \delta\sqrt{n_L}) \\ \qquad + \Phi(-k_2 - \delta\sqrt{n_L}) - \Phi(-k_1 - \delta\sqrt{n_L}) \\ p_c^1 = \Phi(k_2 - \delta\sqrt{n_L}) - \Phi(-k_2 - \delta\sqrt{n_L}) \end{cases} \tag{4-10}$$

我们将戴维斯和伍德尔（Davis & Woodall，2002）提出的方法应用如下：构造马尔可夫链 $\{N(i), i \geqslant 1\}$，其中 $N(i)$ 代表样本第 i 次落在 $\overline{X}$ 控制子图的警戒区域和第 $i+1$ 次抽样样本落在 $\overline{X}$ 控制子图的警戒区域之间落在中心区域的抽样样本个数。容易发现 $\{N(i), i \geqslant 1\}$ 的状态空间为 $\{0,1,2,\cdots,L-1,L,S\}$，S 状态表示控制图发出警报信号。根据上文描述，我们可以通过一个（$L+2$，$L+2$）的转移概率矩阵 $\boldsymbol{P}$ 来刻画本章所提出的自适应 $\overline{X}$ 合成控制图模型。$\boldsymbol{P}$ 矩阵表达如下：

$$\boldsymbol{P} = \begin{pmatrix} 0 & p_c^1 & 0 & \cdots & \cdots & 0 & p_w^1 + p_{out}^1 \\ 0 & 0 & p_c^0 & \cdots & \cdots & 0 & p_w^0 + p_{out}^0 \\ \vdots & \vdots & \vdots & \vdots & \vdots & \vdots & \vdots \\ \vdots & \vdots & \vdots & \vdots & p_c^0 & 0 & \vdots \\ 0 & \cdots & \cdots & \cdots & 0 & p_c^0 & p_w^0 + p_{out}^0 \\ p_w^0 & 0 & \cdots & \cdots & 0 & p_c^0 & p_{out}^0 \\ 0 & \cdots & \cdots & \cdots & \cdots & 0 & 1 \end{pmatrix} = \begin{pmatrix} \boldsymbol{Q} & \boldsymbol{r} \\ \boldsymbol{0}^T & \boldsymbol{1} \end{pmatrix} \tag{4-11}$$

其中，$\boldsymbol{0} = (0,0,\cdots,0)^T$（$A^T$ 即矩阵 $\boldsymbol{A}$ 的转置），$\boldsymbol{Q}$ 是（$L+1$，$L+1$）的瞬时状态转移矩阵，$\boldsymbol{r}$ 是一个（$L+1$，1）维的向量（$\boldsymbol{r} = 1 - \boldsymbol{Q} \cdot 1$，即各行的概率和为 1），$\boldsymbol{1} = (1,1,\cdots,1)^T$。如此，进程在失控状态下的平均运行长度可计算为：

$$ARL_1 = \boldsymbol{q}^T(\boldsymbol{I} - \boldsymbol{Q})^{-1}1 \tag{4-12}$$

其中，$\boldsymbol{q} = (1,0,0,\cdots,0)^T$ 是一个（L+1，1）维的初始概率向量，$\boldsymbol{I}$

是一个（$L+1$，$L+1$）的单位矩阵。

根据马氏链理论（Markov theory），可以计算得到马尔可夫链的稳态概率 $\pi = \{\pi_0, \pi_1, \cdots, \pi_L\}$ 为：

$$\begin{cases} \pi_0 = \dfrac{1 - p_c^0}{1 - p_c^0 + p_c^1} \\ \pi_i = \dfrac{p_c^1 (p_c^0)^{i-1} (1 - p_c^0)}{1 - p_c^0 + p_c^1}, \quad i = 1, 2, \cdots, L-1 \\ \pi_L = \dfrac{p_c^1 (p_c^0)^{L-1}}{1 - p_c^0 + p_c^1} \end{cases} \tag{4-13}$$

平均抽样间隔 $E(h \mid \delta)$ 和平均样本容量 $E(n \mid \delta)$ 可计算为：

$$\begin{cases} E(h \mid \delta) = \pi_0 h_S + (\pi_1 + \pi_2 + \cdots + \pi_L) h_L \\ E(n \mid \delta) = \pi_0 n_L + (\pi_1 + \pi_2 + \cdots + \pi_L) n_S \end{cases} \tag{4-14}$$

当 $\delta > 0$ 时，δ 表示进程处于失控状态下的均值偏移量；当 $\delta = 0$ 时，则 δ 表示此时进程处于受控状态。故控制图发出警报信号的平均时间 ATS 可计算为：

$$ATS = ARL \times E(h \mid \delta) \tag{4-15}$$

4.4 整合模型的成本分析

为了验证整合模型的有效性，这一节我们建立整合模型相应的成本函数。根据之前的描述，模型的成本函数包括两个部分：设备维护总成本和进程质量控制成本。我们考虑在一个给定的评估时间 T_{eval} 内分析整合模型的各个组成成本。下面对各个组成成本做详细分析。

4.4.1 纠正型维护成本和计划型维护成本

维护成本由两个部分组成：纠正型维护所需成本和计划型维护所需

成本。在评估时间 T_{eval} 内，纠正型维护所需成本的期望值 $E[C_{cm}]_I$ 为：

$$E[C_{cm}]_I = (T_{cm} \times C_{cm} + C_{fc}) \times N_f \times P_I \tag{4-16}$$

C_{fc} 为执行一次纠正型维护所需要的固定成本。

执行预防型维护所需成本的期望值 $E[C_{pm}]$ 可计算为：

$$E[C_{pm}] = (T_{pm} \times C_{pm} + C_{fp}) \times \left[\frac{T_{eval}}{t_{pm}}\right] \tag{4-17}$$

其中，C_{fp} 是执行一次预防型维护所需要的固定成本，$\left[\frac{T_{eval}}{t_{pm}}\right]\left(\text{不超过}\frac{T_{eval}}{t_{pm}}\text{最大整数值}\right)$ 为执行预防型维护的次数。

4.4.2　质量控制期望成本

我们首先给出进程一个运行周期时间间隔的定义。进程一个运行周期时间间隔即为连续两次进程处于受控状态的时间间隔。其中，一个周期时间由五个部分组成，分别如下。

1. 进程处于受控状态的时间

进程中发生外部因素和 Type Ⅱ 故障的强度可分别求得如下（Tambe & Kulkarni，2015）：

$$\lambda_1 = \frac{1}{\text{外部因素导致进程停留失控状态的平均时间}} \tag{4-18}$$

$$\lambda_2 = \frac{N_f \times P_{\mathrm{II}}}{T_{eval}} \tag{4-19}$$

$N_f \times P_{\mathrm{II}}$ 表示在评估时间 T_{eval} 内发生 Type Ⅱ 故障的期望次数。已知进程处于受控状态的时间服从指数分布，则可知进程处于受控状态的时间为 $1/\lambda(\lambda = \lambda_1 + \lambda_2)$。

2. 找寻错误警报所需的期望时间

进程在受控时间段内期望的抽样次数为：

$$S = \sum_{j=0}^{\infty} jPr(\text{第} j \text{次抽样和第} j+1 \text{次抽样之间发生可归因因素})$$

$$= \sum_{j=0}^{\infty} j[e^{-\lambda E(h|\delta=0)j} - e^{-\lambda E(h|\delta=0)(j+1)}] = \frac{e^{-\lambda E(h|\delta=0)}}{1 - e^{-\lambda E(h|\delta=0)}} \quad (4-20)$$

其中，$E(h \mid \delta = 0)$ 表示进程在受控状态下的平均抽样间隔时间。故可求得发生错误警报的期望个数为：

$$E[N_{false}] = \frac{S}{ARL_0} \quad (4-21)$$

找寻错误警报所需期望时间为：

$$T_{false} = T_0 \times E[N_{false}] \quad (4-22)$$

其中 T_0 表示找寻一个错误警报所需的时间。

3. 进程处于失控状态时间

记 $\tau_1(\tau_2)$ 为抽样时间间隔是 $h_S(h_L)$ 时，进程在第 i 次和第 $i+1$ 次抽样间隔时间内发生均值偏移的时间，那么有：

$$\begin{cases} \tau_1 = \dfrac{1 - (1 + \lambda h_S)e^{-\lambda h_S}}{\lambda(1 - e^{-\lambda h_S})} \\ \tau_2 = \dfrac{1 - (1 + \lambda h_L)e^{-\lambda h_L}}{\lambda(1 - e^{-\lambda h_L})} \end{cases} \quad (4-23)$$

则进程在一个抽样间隔内发生均值偏移的期望时间值为：

$$\tau = \tau_1 \times \pi_0(\delta = 0) + \tau_2 \times (1 - \pi_0(\delta = 0)) \quad (4-24)$$

其中，$\pi_0(\delta = 0)$ 表示进程在受控状态下选择使用抽样时间间隔 h_S 的概率。为简化起见，通常将上式简化为 $\tau = E(h \mid \delta = 0)/2$。当进程处于失控状态时，抽样间隔时间的期望值为：

$$E(h \mid \delta \neq 0) = E(h \mid \delta_{II} \neq 0) \times \frac{\lambda_2}{\lambda} + E(h \mid \delta_E \neq 0) \times \frac{\lambda_1}{\lambda} \quad (4-25)$$

其中，$E(h \mid \delta_{II} \neq 0)$ 和 $E(h \mid \delta_E \neq 0)$ 分别表示当进程由于 Type Ⅱ 故障和外部因素造成失控时，抽样时间间隔的期望值。因此，进程处于失控阶段的期望时间间隔可计算为：

$$E(h \mid \delta \neq 0) \times \left(ARL_1^{\mathrm{II}} \times \frac{\lambda_2}{\lambda} + ARL_1^{E} \times \frac{\lambda_1}{\lambda}\right) - \tau \tag{4-26}$$

其中，ARL_1^{II} 和 ARL_1^{E} 分别表示当进程由于 Type Ⅱ 故障和外部因素造成进程失控时，进程的平均运行长度。

4. 分析抽样样本及出示结果的期望时间

当进程处于失控状态时，抽样样本容量期望值为：

$$E(n \mid \delta \neq 0) = E(n \mid \delta_{\mathrm{II}} \neq 0) \times \frac{\lambda_2}{\lambda} + E(n \mid \delta_E \neq 0) \times \frac{\lambda_1}{\lambda} \tag{4-27}$$

其中，$E(n \mid \delta_{\mathrm{II}} \neq 0)$ 和 $E(n \mid \delta_E \neq 0)$ 分别表示当进程由于 Type Ⅱ 故障和外部因素造成进程失控时，样本容量的期望值。如此，分析样本和展示样本结果的期望时间可求得如下：

$$E(n \mid \delta \neq 0) \times T_s \tag{4-28}$$

T_s 为分析单个抽样样本所需的时间。

5. 调查可归因因素和恢复进程的期望时间

记 T_1 为调查一个可归因因素所需的时间，则可求得调查可归因因素和恢复进程所需的期望时间为：

$$T_1 + T_{reset} \times \frac{\lambda_1}{\lambda} + T_{cm} \times \frac{\lambda_2}{\lambda} \tag{4-29}$$

定义：

$$E[T_{out}] = E(h \mid \delta \neq 0) \times \left(ARL_1^{\mathrm{II}} \times \frac{\lambda_2}{\lambda} + ARL_1^{E} \times \frac{\lambda_1}{\lambda}\right) - \tau + E(n \mid \delta \neq 0) \times T_s \tag{4-30}$$

综上所述，进程一个周期时间间隔的期望值为：

$$E[T_{cycle}] = 1/\lambda + T_{false} + E[T_{out}] + T_1 + T_{reset} \times \frac{\lambda_1}{\lambda} + T_{cm} \times \frac{\lambda_2}{\lambda} \tag{4-31}$$

4.4.3 单个周期时间间隔内期望成本值

上一节我们详细分析了进程一个周期时间间隔的各个组成部分，这一节我们考虑进程在一个周期时间间隔内运行所花费的总成本。易知，进程在一个周期时间间隔内的总成本也可分为五个部分，分别如下。

（1）进程处于受控状态下的成本。

记 C_0 为进程在受控状态下单位时间所花费的成本，则进程在受控阶段运行的总成本为：

$$E[C_{in}] = C_0 \times (1/\lambda + T_{false}) \tag{4-32}$$

（2）控制图发出错误警报花费的成本。

记 C_{false} 为调查一个错误警报所需的单位时间成本，则由于错误警报所造成的总成本为：

$$E[C_{false}] = C_{false} \times \frac{S}{ARL_0} \times T_0 \tag{4-33}$$

（3）抽样、检测以及出示结果的成本。

记 C_F 和 C_V 为抽样、检测以及打点所需的固定成本和可变成本，则进程处于受控和失控阶段所需的抽样成本分别为：

$$\begin{cases} E[C_{sampling}]_{in} = (C_F + C_V \times E(n \mid \delta = 0)) \times S \\ E[C_{sampling}]_{out} = \dfrac{(C_F + C_V \times E(n \mid \delta \neq 0)) \times E[T]_{out}}{E(h \mid \delta \neq 0)} \end{cases} \tag{4-34}$$

进程抽样、检测以及展示结果所需的期望总成本为：

$$E[C_{sampling}] = E[C_{sampling}]_{in} + E[C_{sampling}]_{out} \tag{4-35}$$

（4）进程处于失控状态下的成本。

记 C_1 为进程在失控状态下的单位时间成本，则进程在失控阶段的总成本为：

$$E[C_{out}] = C_1 \times E[T_{out}] \tag{4-36}$$

（5）修复进程所需成本。

已知生产进程在运行过程中发生均值偏移的原因有两种：Type Ⅱ故障或者外部因素，故恢复进程的成本相应地可分为两个部分。其中，恢复由于外部因素造成的进程失控成本为：

$$E[C_{reset}] = [C_{reset} \times T_{reset}] \times \frac{\lambda_1}{\lambda} \tag{4-37}$$

恢复由于 Type Ⅱ 故障造成的进程失控成本为：

$$E[C_{cm}]_{\mathrm{II}} = \{T_{cm} \times C_{cm} + C_{fc}\} \times \frac{\lambda_2}{\lambda} \tag{4-38}$$

综上所述，在一个周期时间内进程运行总成本的期望值为：

$$E[C_{process}] = E[C_{false}] + E[C_{sampling}] + E[C_{in}] + E[C_{out}] + E[C_{reset}] + E[C_{cm}]_{\mathrm{II}} \tag{3-39}$$

假定在每次进程均值偏移消除之后，进程从受控状态到失控状态的时间间隔有相同的期望值，即假定进程一个周期时间间隔的长度固定。这样在给定评估时间 T_{eval} 内，进程运行所耗费的期望总成本为：

$$E[C_{cause}] = E[C_{process}] \times \frac{T_{eval}}{E[T_{cycle}]} \tag{4-40}$$

4.4.4　整合模型的经济设计

综上所述，在给定评估时间 T_{eval} 内进程在单位时间所花费总成本为：

$$E[A]_{integrated} = \frac{E[C_{cm}]_I + E[C_{pm}] + E[C_{cause}]}{T_{eval}} \tag{4-41}$$

故而整合方案的经济设计模型可表达如下：

$$
\begin{aligned}
&\text{目标函数:} \quad \min E[A]_{integrated} \\
&\text{满足条件:} \quad n_{\min} \leqslant n_S < n_L \leqslant n_{\max} \\
&\qquad h_{\min} \leqslant h_S < h_L \leqslant h_{\max} \\
&\qquad k_{\min} \leqslant k_2 < k_1 \leqslant k_{\max} \\
&\qquad t_{\min} \leqslant t_{pm} \leqslant t_{\max} \\
&\qquad L_{\min} \leqslant L \leqslant L_{\max} \\
&\qquad L, t_{pm} > 0 \\
&\qquad n_S, n_L, L \in IN(\text{正整数}) \\
&\text{决策变量:} \quad k_1, k_2, h_L, h_S, n_S, n_L, L, t_{pm}
\end{aligned}
\tag{4-42}
$$

显然地，上述经济设计模型是一个非线性优化问题，一般的计算方法很难将其解决。在控制图文献研究中，遗传算法常常被用来解决控制图设计模型的优化问题。例如，卡萨迪等（Cassady et al.，2000）、查龙藤和庞普庞萨克（Charongrattanasakul & Pongpullponsak，2011）等成功地应用遗传算法解决了控制图设计的最优参数选择问题。在本章中，我们建立了一个特定的遗传算法来解决上述优化问题。

在遗传算法的使用中需要建立简单的交叉算子和变异算子。交叉算子是指对于两个随机选择的个体，它们之间的某个变量彼此交换；变异算子则是从一个独立个体中随机地选择一个变量，变量在可行的范围内发生突变。在算法编写中，我们采用试错法反复验证得到最佳的算法设计参数。分析结果表明，当种群个数、交叉率和变异强度分别设定为200、0.8、0.2时，算法的表现最佳。通过反复试验，我们发现算法经过100次的迭代之后可以停止，此时算法的收敛性已能得到充分的保证。

4.5 两个独立设计模型

为了验证集成设计方案的有效性和灵敏性，我们将单独设计的维护策略方案和独立的控制图设计方案分别建立起来，作为对比模型。现将它们分别描述如下。

4.5.1　独立设计的维护策略模型

在这个模型中我们只考虑计划型维护策略和 Type Ⅰ 故障的存在，忽略 Type Ⅱ 故障以及由此造成的均值偏移。因此，容易得到由于纠正型维护所造成的期望成本为：

$$E[C_{cm}] = (T_{cm} \times C_{cm} + C_{fc}) \times N_f \tag{4-43}$$

计划型维护造成的期望成本为：

$$E[C_{pm}] = (T_{pm} \times C_{pm} + C_{fp}) \times \left[\frac{T_{eval}}{t_{pm}}\right] \tag{4-44}$$

故在评估时间 T_{eval} 内，独立设计的维护模型单位时间成本的期望值为：

$$E[A]_{mm} = \frac{E[C_{cm}] + E[C_{pm}]}{T_{eval}} \tag{4-45}$$

通过最优化 $\min E[A]_{mm}$ 可以得到最优的维护策略。

4.5.2　独立的控制图设计模型

在此模型中，我们只考虑由 Type Ⅱ 故障带来的质量偏移。独立模型的期望周期时间为：

$$E[T_{spc}] = 1/\lambda_1 + T_0 \times \frac{S'}{ARL_0} + E(h \mid \delta_E \neq 0) \times ARL_1^E - \tau + E(n \mid \delta_E \neq 0) \times T_s + T_1 + T_{reset} \tag{4-46}$$

其中：

$$S' = \sum_{i=0}^{\infty} i\left[e^{-\lambda_1 E(h \mid \delta=0) i} - e^{-\lambda_1 E(h \mid \delta=0)(i+1)}\right] = \frac{e^{-\lambda_1 E(h \mid \delta=0)}}{1 - e^{-\lambda_1 E(h \mid \delta=0)}} \tag{4-47}$$

独立模型的期望成本为：

$$E[C_{spc}] = C_0 \times \left(1/\lambda_1 + T_0 \times \frac{S'}{ARL_0}\right) + (C_F + C_V \times E(n \mid \delta_E = 0)) \times S' + C_{false} \times \frac{S'}{ARL_0} \times T_0 + [(C_F + C_V \times E(n \mid \delta_E \neq 0)) \times (E(h \mid \delta_E \neq 0) \times ARL_1^E - \tau + E(n \mid \delta_E \neq 0) \times T_s)]/ E(h \mid \delta_E \neq 0) + C_1 \times (E(h \mid \delta_E \neq 0) \times ARL_1^E - \tau + E(n \mid \delta_E \neq 0) \times T_s) + C_{reset} \times T_{reset} \quad (4-48)$$

故该模型单位时间成本的期望值为：

$$E[A]_{spc} = \frac{E[C_{spc}]}{E[T_{spc}]} \quad (4-49)$$

类似地，通过最优化 $\min E[A]_{spc}$ 可以得到最优的控制图设计方案。

4.6 数值分析

4.6.1 自适应 $\overline{X}$ 合成控制图的统计表现

本节首先通过数值实验来评估改进后 $\overline{X}$ 合成控制图的统计表现。表 4-1 给出了进程均值偏移量 δ 在不同取值情况下，控制图最优参数设计方案以及相应的 ATS_1 最优值。可以发现，随着进程偏移量的增大，ATS_1 值不断减小，这种变化在 δ 取值逐渐增大的前期表现得尤为明显。这表明改进后 $\overline{X}$ 合成控制图对于进程均值的偏移有较高的灵敏度，当偏移量增大到某一程度时，控制图的检测能力随着偏移量的增大趋于稳定，可提升的空间也越来越小。

表 4-1　最优参数设定及 ATS_1 值

δ	(n_S, n_L)	(h_S, h_L)	(k_1, k_2)	L	ATS_1
0.1	(12, 14)	(6.5031, 3.3638)	(7.1368, 1.9826)	9	193.6936
0.3	(11, 12)	(2.5894, 0.6658)	(8.1090, 2.1697)	8	25.5154

续表

δ	(n_S, n_L)	(h_S, h_L)	(k_1, k_2)	L	ATS_1
0.5	(11, 15)	(2.8284, 0.3193)	(6.2454, 2.0591)	5	4.8198
0.6	(12, 14)	(2.5849, 0.2366)	(7.9035, 2.1941)	9	2.7954
0.8	(10, 13)	(1.3651, 0.1589)	(3.9953, 2.2805)	7	0.7449
1.0	(8, 12)	(1.4749, 0.1375)	(7.7022, 2.1316)	3	0.2966
1.5	(12, 14)	(5.7517, 0.1009)	(6.4527, 2.2539)	23	0.1031

在实际生产实践中，对于产品 100% 抽样检查一般是不可能的。进程检测过程中，若抽样样本容量较大，往往会造成较高的检测成本同时造成监控资源的浪费。若抽样样本容量较小，样本信息不足以反映当前进程所处的状态。因此，对质量管理者来说，如何选择一个恰当的抽样样本容量方案是一个需要着重考虑的问题。表 4-2 给出了在不同抽样容量水平下，自适应 $\overline{X}$ 合成控制图与传统 $\overline{X}$ 合成控制图最优 ATS_1 值的比较。数值结果表明，在同等条件下，自适应 $\overline{X}$ 合成控制图的 ATS_1 取值要比传统合成控制图的 ATS_1 值小。这意味着从统计表现的角度考虑，本章所提出的 $\overline{X}$ 合成控制图要优于传统的 $\overline{X}$ 合成控制图，这也就证明自适应策略的引入是有效的。

表 4-2　　两张控制图之间 ATS_1 比较

Cases	$E(n)=3$		$E(n)=5$		$E(n)=9$	
δ	Adap-Syn	Trad-Syn	Adap-Syn	Trad-Syn	Adap-Syn	Trad-Syn
0.1	375.3452	847.1256	300.2754	700.4593	255.5710	603.5124
0.3	115.4521	211.3375	78.0624	144.7012	43.6432	61.6817
0.5	48.2578	103.8345	28.1089	50.0896	12.1607	16.0863
0.6	33.7869	67.7789	15.7966	21.2451	4.3920	8.0664
0.8	10.3149	42.0031	3.6467	10.0180	2.1909	4.7890
1.0	5.0379	20.1121	2.3129	3.4568	1.1089	1.2143
1.5	1.5287	4.2857	0.5903	0.6752	0.1151	0.2137

注：Adap-Syn 代表本章提出的自适应 $\overline{X}$ 合成控制图；Trad-Syn 代表传统 $\overline{X}$ 合成控制图。

4.6.2 与 CUSUM 控制图的比较

CUSUM 控制图是一种时间加权控制图，它通过记录每个样本值与目标值偏差的累计和来达到检出进程偏移的目的。由于很好地解决了传统休哈特控制图对于进程小偏移不灵敏的问题，CUSUM 控制图公认为是一类经典的控制图。这一节我们给出本章所提出的 $\overline{X}$ 合成控制图与其之间的统计表现比较。对于 CUSUM 控制图的设计，伍德尔和亚当斯（Woodall & Adams，1993）建议采用西格蒙德（Siegmund）给出的近似计算 ARL 的方法来设计一张 CUSUM 控制图。即若给定参数 l 和 k，对于一张单边—上侧（the upper one-side）CUSUM 控制图，则有：

$$ARL_U = \frac{e^{-2\Delta b} + 2\Delta b - 1}{2\Delta^2} \tag{4-50}$$

其中，$\Delta = (\mu_1 - \mu_0)/\sigma - k \neq 0$，$b = l + 1.166$。类似地，可以计算一张单边—下侧 CUSUM 控制图的 ARL_L。如此，对于一张双边 CUSM 控制图，可计算它在进程失控状态下的 ATS_1 为：

$$ATS_1 = \frac{ARL_U \times ARL_L}{ARL_U + ARL_L} \times h \tag{4-51}$$

h 为抽样时间间隔。

表 4-3 给出了 CUSUM 控制图与自适应 $\overline{X}$ 合成控制图之间关于 ATS_1 最优值的比较结果。数值实验结果表明，当进程均值偏移量较小时（$\delta = 0.1 \sim 0.6$），自适应 $\overline{X}$ 合成控制图最优的 ATS_1 取值较小；当进程均值偏移量较大时（$\delta = 0.8 \sim 1.5$，$E(n) = 9$），CUSUM 控制图最优的 ATS_1 取值较小。这意味着，当生产标准较高且抽样样本难以获取时，自适应 $\overline{X}$ 合成控制图统计表现较好；反之，CUSUM 控制图的统计表现较好。

表 4-3　自适应 $\overline{X}$ 合成控制图与 CUSUM 控制图之间 ATS_1 的比较

Cases	$E(n)=3$		$E(n)=5$		$E(n)=9$	
δ	Adap-Syn	CUSUM	Adap-Syn	CUSUM	Adap-Syn	CUSUM
0.1	375.3452	415.2016	300.2754	325.4593	255.5710	275.5124
0.3	115.4521	121.3375	78.0624	85.7012	43.6432	48.6817
0.5	48.2578	52.8345	28.1089	42.0896	12.1607	13.0863
0.6	33.7869	38.7789	15.7966	21.2451	4.3920	5.0664
0.8	10.3149	12.0031	3.6467	4.0180	2.1909	2.0890
1.0	5.0379	6.1121	2.3129	2.8568	1.1089	0.8143
1.5	1.5287	2.2857	0.5903	0.6752	0.1151	0.1037

注：Adap-Syn 代表本章提出的自适应 $\overline{X}$ 合成控制图；Trad-Syn 代表传统 $\overline{X}$ 合成控制图。

图 4-3 给出了特定情形下上文所提及的三张控制图之间统计表现比较的结果。可以发现，传统的 $\overline{X}$ 合成控制图始终是三张图中表现最差的。我们也注意到，随着均值偏移量 δ 取值的增大，三张图的统计表现也越来越相近。这与表 4-3 数值结果所得到的结论相一致。

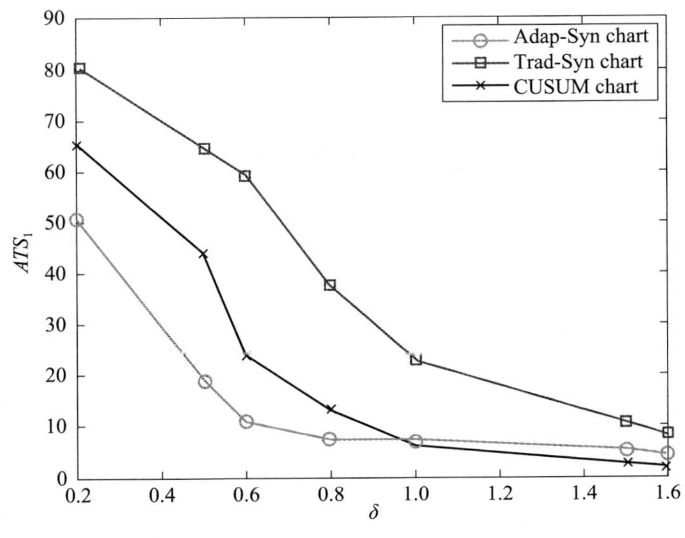

图 4-3　三张控制图之间的统计表现比较

4.6.3 整合模型数值展示

这一节我们通过一个数值例子详细地介绍集成设计方案的具体应用。考虑一个手表制造商，在手表的生产过程中，螺旋扭矩（记为 X）通常作为判定手表质量是否合格的一个重要质量特征量。通过观察记录的历史数据发现，X 的目标均值和标准差在进程受控状态下一般在 $\mu_0=160$ 和 $\sigma_0=2$ 附近浮动。因此这里假定进程在受控时，$\mu_0=160$ 和 $\sigma_0=2$ 为 X 服从正态分布的均值和标准差。进程在运行过程中由于可归因因素的发生，进程均值发生偏移。根据上文描述可知，均值 μ 偏移可分为从 μ_0 偏移至 $\mu_0+\delta_{\mathrm{II}}\sigma_0$ 或者从 μ_0 偏移至 $\mu_0+\delta_E\sigma_0$。同时，假定生产设备在运行过程中有可能由于 Type Ⅰ 故障的发生而出现停机。参考进程历史偏移数据信息，这里假定由于外部因素和 Type Ⅱ 故障造成的均值偏移量分别为 $\delta_E=1.0$ 和 $\delta_{\mathrm{II}}=0.8$。已知故障发生次数和计划型维护的时间间隔存在函数关系 $N_f=a\times t_{pm}^b$。什里瓦斯塔瓦等（Shrivastava et al.，2015）等对上述函数做了仿真拟合并验证了其仿真结果的有效性，其中 a，b 取值分别为 $a=0.0437$，$b=0.8703$。在本章中我们借鉴他们的仿真结果。表 4－4 给出了整合模型其他参数的初始设定值。

表 4－4　数值参数初始值设定列表

C_{CM}	C_{PM}	T_0	T_1	T_s	T_{reset}	C_{false}	C_F	C_V
1300 $/h	1300 $/h	1h	1h	20/60h	2h	700 $	40 $	10 $/个
C_0	C_1	C_{reset}	T_{cm}	T_{pm}	C_{fc}	C_{fp}	P_{I}	P_{II}
100 $/h	1000 $/h	1500 $/h	12h	3h	10000 $	800 $	0.1	0.9

我们采用前面所建立的遗传算法优化目标函数（4－42），最终优化结果为：$n_S^*=6$，$n_L^*=8$，$h_S^*=0.51$，$h_L^*=9.992$，$L^*=5$，$k_1^*=3.53$，$k_2^*=1.403$，$t_{pm}^*=143$，相应的进程单位时间总成本 $E[A]_{integrated}=287.219\mathrm{USD}$。根据等式（4－4）至式（4－7），则有 $UCL=167.06$，

$UWL=162.806$，$LWL=157.194$，$LCL=152.94$。

根据上述数据，集成设计方案可操作如下。

步骤 1：若样本统计量 $\overline{X}>UCL=167.06$ 或 $\overline{X}<LCL=152.94$ 抑或 $\overline{X}\in[LCL,LWL]\cup[UWL,UCL]$，同时 $CRL<L=5$ 时，自适应 $\overline{X}$ 合成控制图发出警报信号。此时，质量管理者调查并确认引起控制图信号的原因，如果确认是 Type Ⅱ 故障造成的进程失控，则对设备执行一次纠正型维护；如果确认是由于外部因素导致的进程偏移，则执行设备重启。

步骤 2：若进程在运行过程中由于设备故障而出现停机，则对设备执行一次纠正型维护从而将进程修复到“as good as new”的状态。

步骤 3：若进程在运行时间间隔 t_{pm} 后，设备既没有出现停机，控制图也没有发出警报信号，则对设备执行一次计划型维护。

步骤 4：进程在既没有出现警报信号也没有出现停机的运行状态下会根据进程上一次的抽样样本信息决定下一次抽样的抽样策略（宽松的抽样策略或者是加紧的抽样策略）。具体来说，如果上一次抽样样本 $\overline{X}\in(LWL,UWL)$，则在下一次抽样中执行宽松的抽样策略（n_S，h_L）；如果 $\overline{X}\in[LCL,LWL]\cup[UWL,UCL]$，同时 $CRL\geqslant L$，则在下一次抽样中执行加紧的抽样策略（n_L，h_S）。

我们将优化得到的决策变量代入两个独立的模型中，两个独立模型相应的单位时间总成本之和为 $E[A]_{mm+spc}=294.998$USD。由此可知，相较于两个独立的模型，整合模型可以节省 2.64% 的经济成本。这表明，从经济的角度考虑，本章所提出的整合模型要优于两个独立模型的使用。计划性维护时间间隔 t_{pm} 作为一个重要的决策变量，是平衡设备故障发生强度和模型单位时间总成本的重要因素。图 4－4 展示了 t_{pm} 对于整合模型单位时间成本 $E[A]_{integrated}$ 的影响。

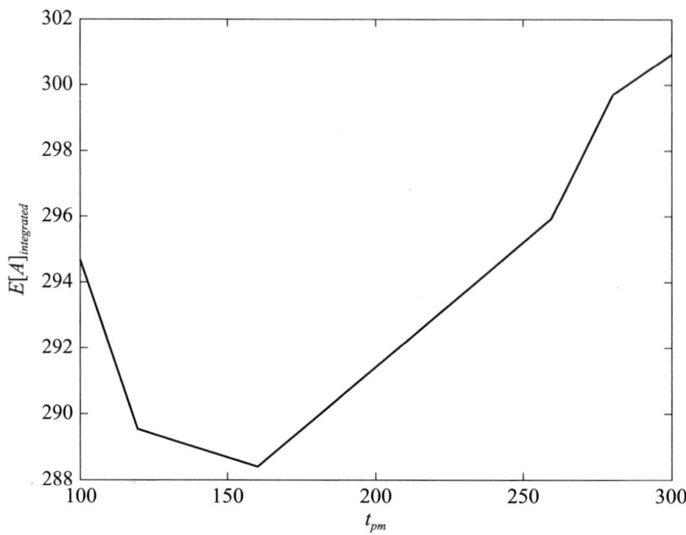

图 4－4　计划性维护间隔时间长度对单位时间总成本的影响

4.6.4　集成模型灵敏度分析

一般情况下，控制图设计参数的精确值通常是未知的，往往需要根据生产经验、产品报告或市场调查等手段估计这些参数的取值。然而通过这些方法得到的参数估计值一般是不准确的。因此，在了解模型表现中，一个重要的研究问题就是了解不精确的参数估计值对于模型结果的影响。在表 4－5 中，我们将数值特例中选择和优化得到的各参数值作为 Level 1 中的取值。Level 2 和 Level 3 的取值则分别是在 Level 1 参数设定值的基础上增大 10% 和 20%。记 *Variation*(%) 为系统参数在三种不同水平设定值下，模型单位时间成本的浮动范围。其符号定义如下：

$$Variation(\%) = \frac{\max(\text{Level }1,\text{Level }2,\text{Level }3) - \min(\text{Level }1,\text{Level }2,\text{Level }3)}{\text{Level }1} \times 100\% \tag{4-52}$$

表 4－5　　　　　　　数值结果及单位时间总成本的浮动比例

系统参数	Level 1	Level 2	Level 3	单位时间成本 $E[A]_{integrated}$			
				Level 1	Level 2	Level 3	*Variation*(%)
δ_E	1	1.1	1.2	287.219	270.687	255.559	11.02
δ_{II}	0.8	0.88	0.96	287.219	289.373	290.128	1.01
T_0	1	1.1	1.2	287.219	288.388	288.403	0.41
T_1	1	1.1	1.2	287.219	287.345	287.654	0.15
T_{reset}	2	2.2	2.4	287.219	298.949	309.456	7.74
C_F	40	44	48	287.219	288.354	288.442	0.43
C_V	10	11	12	287.219	288.762	289.702	0.86
C_{false}	700	770	840	287.219	288.029	289.147	0.67
C_0	100	110	120	287.219	297.281	304.971	6.18
C_1	1000	1100	1200	287.219	288.663	290.079	0.996

表 4－5 中考虑了模型中 10 个较为重要的参数，并给出了模型在三个不同参数水平值设定下的实验结果。实验结果发现，系统参数估计值在上下浮动时，整合模型的单位时间总成本的期望值 $E[A]_{integrated}$ 的浮动范围较小。这表明本章所建立的经济设计整合模型对于参数设定值的波动有一定的鲁棒性。换而言之，这在一定程度上表明系统参数值的不精确估计不会对整合模型的产出结果造成大的影响，这在实际生产当中具有一定的指导意义。与此同时，我们也发现最优经济设计策略对于均值偏移量（$\delta_{E/II}$）、设备重启所需时间（T_{reset}）以及系统在受控状态下的单位时间成本（C_0）的不精确估计相对敏感。因此，设计人员在对这些系统参数进行估计时应特别关注。

衡量控制图性能表现的另外一个重要标准就是模型对于均值偏移量（δ）的敏感性。表 4－6 给出了均值偏移量 $\delta_{E/II}$ 对于整合模型的单位时间总成本 $E[A]_{integrated}$ 的影响，并同时给出了在每一种情形下整合模型的最优设计参数。*Improvement*(%) 表示相较于两个独立的模型，整合模型所能够带来的经济效益。

表 4－6　　整合模型的最优参数设计及改进比例

δ_E	n_S^*	n_L^*	h_S^*	h_L^*	L^*	k_1^*	k_2^*	t_{pm}	*Cost*	*Improvement*（%）
1	6	8	0.510	9.992	5	3.53	1.403	143	287.219	2.64
1.1	5	7	0.502	9.939	5	4.988	1.451	155	270.687	2.44
1.2	6	7	0.515	9.968	5	6.686	1.599	155	255.559	8.64
δ_{II}	n_S^*	n_L^*	h_S^*	h_L^*	L^*	k_1^*	k_2^*	t_{pm}	*Cost*	*Improvement*（%）
0.8	6	8	0.510	9.992	5	3.53	1.403	143	287.219	2.64
0.88	6	8	0.512	9.954	6	5.579	1.408	129	289.373	2.63
0.96	6	7	0.510	9.900	6	6.55	1.385	151	290.128	3.23

表 4－7 和表 4－8 分别给出了均值偏移量 $\delta_{E/II}$ 对整合模型和独立控制图模型的平均运行长度 *ARL* 的敏感度分析。根据实验结果发现，随着均值偏移量 $\delta_{E/II}$ 的增大，ARL_1 的值会越来越小。这表明当进程均值偏移量较大时，控制图能够更加迅速地监测到进程的失控并给出警报信号。对于控制图设计而言，ARL_1 是一个越小越好的统计量。由此可知，均值偏移量 $\delta_{E/II}$ 的过高估计会对 ARL_1 产生直接的影响，这在生产当中往往会造成不良影响。显然地，对于 $\delta_{E/II}$ 过高或过低估计都不会对 ARL_0 产生影响。需要指出的是，这里很难将整合模型和独立的控制图模型的 ARL_1 和 ARL_0 值作直接的比较，这是因为两个模型之间发生故障的机制不同。具体来说，整合模型同时考虑了 Type Ⅱ 故障模式和外部因素导致的质量偏移，而在独立的控制图模型中只是考虑了外部因素造成的进程质量偏移。

表 4－7　　不同 $\delta_{E/II}$ 取值下整合模型最优策略和 ARL_1 值

系统参数	δ_E	n_S^*	n_L^*	h_S^*	h_L^*	L^*	k_1^*	k_2^*	t_{pm}	ARL_0	ARL_1
$\delta_{II}=0.1$	0.5	9	10	3.617	9.133	16	6.559	2.348	55	201.614	6.603
	1.0	8	10	3.228	7.537	71	5.729	2.581	50	202.316	2.845
	2.0	9	10	4.680	8.271	83	7.254	2.602	50	200.437	2.428
$\delta_{II}=0.5$	0.5	9	10	6.299	9.204	7	6.189	2.199	171	199.767	4.666
	1.0	6	8	3.742	9.106	5	6.777	2.157	50	221.348	1.240
	2.0	9	10	2.367	2.841	37	6.028	2.572	50	249.593	1.064

续表

系统参数	δ_E	n_S^*	n_L^*	h_S^*	h_L^*	L^*	k_1^*	k_2^*	t_{pm}	ARL_0	ARL_1
$\delta_{II}=1.0$	0.5	8	9	1.027	7.192	7	7.335	2.203	432	203.717	4.447
	1.0	9	10	3.292	7.209	5	5.874	2.138	107	201.862	1.190
	2.0	9	10	3.893	7.597	5	8.317	2.172	50	238.180	1.002

表 4-8　不同 δ_E 取值下独立控制图模型最优策略和 ARL_1 值

参数	n_S^*	n_L^*	h_S^*	h_L^*	L^*	k_1^*	k_2^*	ARL_0	ARL_1
$\delta_E=0.5$	9	10	2.901	9.405	6	4.304	2.172	200.864	4.663
$\delta_E=1.0$	8	10	1.161	6.781	5	4.859	2.136	199.882	1.189
$\delta_E=2.0$	9	10	2.484	6.688	5	5.980	2.136	213.735	1.000

4.7　本章小结

首先，我们在引言部分对一般的 $\overline{X}$ 合成控制图进行了简单介绍。其次，本章在吴和斯佩丁（Wu & Spedding，2000）研究工作的基础上通过引入可变抽样样本容量和抽样间隔区间策略对传统的 $\overline{X}$ 合成控制图进行了改进，提出了一张自适应 $\overline{X}$ 合成控制图。最后，我们提出了一个关于质量控制和维护管理的经济设计整合模型，改进控制图作为质量控制系统的一部分，用来检测进程的实时状态，并通过控制图信号来动态调节设备维护策略。我们通过对比两个独立运行的控制图模型和维护管理模型验证了整合模型的有效性。相较于采用两个独立的模型，整合模型在经济上能够获得较大的成本节约。本章最后，我们结合具体的数值例子对改进后的 $\overline{X}$ 合成控制图模型和整合模型作了灵敏度分析。数值分析结果表明，整合模型对于系统参数的波动具有一定的鲁棒性。本章还给出了整合模型参数设计上的一些管理启示。

第5章　基于属性—变量二型数据的动态 MIX S^2 控制图设计研究

5.1　引言

产品质量通常是顾客消费选择时的决定性因素。提供高质量的产品是一家企业生存和发展的基本保证。探索和研发新的提升产品质量的方法也即成为业界和学界永恒追求的目标，而在这个过程中，适用于工业生产和商业环境的统计技术得到不断发展和完善。SPC 作为产品质量控制与设计中的重要内容，一直是学界研究的热点。而对于 SPC 研究而言，提出性能卓越的统计质量控制图方案是学者们的主要努力方向。自沃特・休哈特（Walter A. Shewhart）博士提出第一张控制图以来，学者们提出了许多能够满足不同需求情境的控制图方案。总的来说，这些控制图可以归纳为两类：属性控制图和变量控制图。属性控制图是通过属性型检测调查抽样样本中的不合格品数来判断生产进程是否仍处于受控状态，常见的有 np 图、p 图、c 图和 u 图等。变量控制图则是采用变量型检测测算产品“关键质量特性值”来判断生产进程当前所处状态，常见的有 $\overline{X}$ 图、S^2 图和 R 图等。

在两类控制图选择上，蒙哥马利（Montgomery，2007）指出，变量型检测相较于属性型检测更加费时且成本更高，故在使用变量控制图检测进程均值或方差漂移时，若测算产品关键质量特性值既昂贵又费时，另一个选择是考虑能否使用属性控制图。然而蒙哥马利同时指出，当检测同一幅度的进程漂移时，属性图往往需要采用更大的抽样容量才能达到和变量图相同水平的检测能力。在书中，他同时使用一张 $\overline{X}$ 图和一张 np 图来检测进程均值同一幅度的漂移：假定质量特性值 $\overline{X} \sim N(50,2^2)$，$\overline{X}$ 图使用 3σ 控制限，抽样容量为 9，此时 $\overline{X}$ 图检测进程均值偏离目标均值一个标准差的能力是 0.5；相较而言，np 图则需要将抽样容量提升至 60 才能达到和 $\overline{X}$ 图相同的检测能力。对比来看，在保证相同检测能力水平下，两张图的抽样容量之比竟高达 6.667。毫无疑问，这种显著差异将会阻碍质量工程师在检测进程均值漂移时选择使用 np 图。故而，在设计控制图时，如何保留属性型检测成本低、耗时少的优点，又能拥有变量型检测抽样容量小的优势成为学者们关注的重点。

为了达到这一目的，学者们提出了一些新的控制图方案，如吴等（Wu et al.，2009）提出了一张 np_x 控制图。np_x 图采用"行进量具（progress gages）"属性型检测方案取代 $\overline{X}$ 图，用以检测进程均值的变化。类似地，郝和奎宁（Ho & Quinino，2013）在吴等（2009）工作的启发下提出了一张 np_{S^2} 控制图，采用属性—变量结合检测方法监测进程方差的变化。桑帕约等（Sampaio et al.，2014）将 np_x 与 $\overline{X}$ 图相结合，提出了一张 np_x—$\overline{X}$ 控制图检测进程均值的变化，数值结果显示 np_x—$\overline{X}$ 图的统计性能要优于 np_x 图和 $\overline{X}$ 图。郝和奎宁（Ho & Quinino，2016）将 np_x 与 S^2 图相结合，提出了一张 np_x—S^2 控制图（也称为 MIX S^2 图），采用属性—变量二型结合检测方案监测进程方差的变化。这方面研究成果还可见阿帕瑞斯等（Aparisi et al，2018）、奎宁等（Quinino et al.，2020）和周等（Zhou et al.，2020）。然而，以上所提出的控制图均属于静态控制图（F_p 图），即控制图参数（抽样容量、抽样间隔和控制限）不会根据进程抽样信息而动态调整；这类图虽然操作简单，但对于进程小幅度漂移反应迟钝，不适应当下精益生产的需要（王兆军，2002）。动态控制图（即 V_p 图）由于能够根据持续更新的进程信息不断调整控制图参数，相较于 F_p 图，其能更快地检测到进程的漂移（Magalhães et al.，2020）。近年来，自动控制技术的巨大发展为 V_p 控制图在实践中应用提供了技术平台，这也进一步激发了学者们对 V_p 控制图的研究欲望。近期，关于 V_p 图的研究有：V_pS 图（Lee et al.，2020）、$V_p\overline{X}$ 图（Abolmohammadi et al.，2021）和 V_pnp 图（Katebi et al.，2019）等。鉴于郝和奎宁（2016）模型检测进程小漂移反应迟钝的情况及易拓性，本章在他们工作的基础上提出了一种基于属性—变量二型数据的动态 V_p MIX S^2 控制图方案，有效提升了原静态图检测进程漂移的灵敏度。

5.2 V_p MIX S^2 控制图

记生产线上某一产品的关键质量特性值为 X，且 $X \sim N(\mu,\sigma^2)$，μ 和 σ^2 分别为目标均值和方差。当生产进程处于受控状态时，$\mu=\mu_0$，$\sigma=\sigma_0$，即 $X \sim N(\mu_0,\sigma_0^2)$；当进程处于失控状态时，假定均值保持不变，标准差改变为 $\sigma = \sigma_1 = \delta\sigma_0$（$\delta>1$ 为波动幅度），即 $X \sim N(\mu_0,\sigma_1^2)$。工序失控直接导致生产线不合格产品率增大。为此，本章提出了一张 V_p MIX S^2 控制图监控生产进程，以便及时识别进程中的失控现象并进行调整。

V_p MIX S^2 控制图提供两种检测方案：宽松检测方案（简记为 R）和加紧检测方案（简记为 T）。两种检测方案对应设计参数见表 5－1，且有 $a_1 \leqslant a_2$，$b_1 \geqslant b_2$，$h_l \geqslant h_s$，$n_s \leqslant n_b$，$wl_R \geqslant wl_T$，$cl_R \geqslant cl_T$。

表 5－1　　　　**R 检测方案和 T 检测方案对应设计参数**

参数设计	合格品数	不合格品数	抽样间隔	补充抽样样本容量	S^2 图警戒线	S^2 图控制限
R 方案	a_1	b_1	h_l	n_s	wl_R	cl_R
T 方案	a_2	b_2	h_s	n_b	wl_T	cl_T

假定工序起始状态为受控状态，首次采用 R 检测方案，V_p MIX S^2 控制图检测步骤可简要描述如下。

（1）每隔 h_l 时间长度依次从进程中抽取容量为 1 的样本，并使用类似卡规或环规等工具（如图 5－1（a）所示）测定该样品是否合格。图 5－1（b）展示了工业生产中常用的一种圆柱形工件的止动环规。

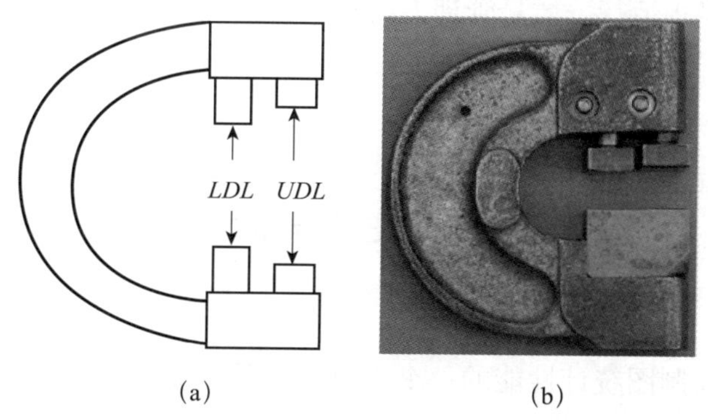

(a)　　　　(b)

图 5－1　环规结构示意

若记 UDL 和 LDL 分别为环规的上下规格限，则当进程标准差为 $\sigma_i(i=0,1)$ 时，一个样品被判定为合格品的概率是：

$$p_i = Pr(LDL < X < UDL \mid \mu_0, \sigma_i) = \Phi\left(\frac{UDL - \mu_0}{\sigma_i}\right) - \Phi\left(\frac{LDL - \mu_0}{\sigma_i}\right) \tag{5-1}$$

$\Phi(\cdot)$ 是标准正态分布的累计分布函数。

①若经测算率先有 a_1 个合格样品出现，则认为该进程仍处于受

控状态，下次抽样依然选择采用 R 检测方案。

②若经测算率先有 b_1 个不合格样品出现，则需立即（假定时间间隔为0）从生产进程中抽取 n_b 个样品组成补充样本。检测进入步骤（2）。

（2）计算补充样本的方差 S^2，并将该统计量在 S^2 控制图描点观察。

①若 $S^2 < cl_W$，则认为进程仍然处于受控状态，下次抽样方案选择采用 R 检测方案。

②若 $cl_W < S^2 \leqslant cl_R$，则认为进程仍处于受控状态，但下次抽样选择 T 检测方案。

③若 $S^2 > cl_R$，则认为进程处于失控状态，控制图立即发出警报信号，进程停止运行，质量管理人员查找并消除可归因因素，工序重新开始运行。

5.3　计算性能指标 *AATS*

衡量控制图统计性能的一个主要指标是控制图检测到进程漂移的速度。本章以进程标准差发生漂移时刻到控制图检测再到进程漂移并发出报警信号时刻的时间长度作为评价 V_p MIX S^2 控制图的统计性能指标，该指标通常简称为 *AATS*（adjusted average time to signal）。为计算该统计指标，我们首先计算统计量 *ATS*（average time to signal）。

ATS 代表生产进程开始运行时刻到控制图检测再到进程漂移并发生报警信号时刻的时间长度。该指标可以细分成两类：（1）进程处于受控状态，控制图发出虚假报警信号，由此产生的 *ATS*，记为 ATS_0。ATS_0 通常由质量工程师根据工序犯第一类错误（Type Ⅰ error）的强度等要求预先设定。（2）进程处于失控状态，控制图检测到进程漂移所

产生的 ATS，记为 ATS_1。ATS_1 常被用来衡量控制图检测进程漂移的能力。借鉴洛伦岑和范斯（Lorenzen & Vance，1986）建立控制图模型时的假定，即认为工序处于受控状态的时间间隔服从参数为 $\lambda>0$ 的指数分布。根据指数分布的无记忆性，本节采用构建马尔可夫链的方法计算 V_p MIX S^2 控制图的 ATS。

具体地，我们构建了一个有 7 个运行状态的马尔可夫链刻画 V_p MIX S^2 控制图模型。在每个抽样时刻，工序状态可由表 5－2 中 7 个状态完备地描述。

表 5－2　　马尔可夫链运行状态

状态	说明
State 1	没有发生补充抽样且采用 R 方案
State 2	使用 R 方案时发生补充抽样且点子落在 S^2 控制图中心域
State 3	使用 R 方案时发生补充抽样且点子落在 S^2 控制图警戒域
State 4	没有发生补充抽样且采用 T 方案
State 5	使用 T 方案时发生补充抽样且点子落在 S^2 控制图中心域
State 6	使用 T 方案时发生补充抽样且点子落在 S^2 控制图警戒域
State 7	信号状态，即补充抽样时点子落在 S^2 控制图失控域

由此，便可以写出上述马尔可夫链的状态转移矩阵 $\boldsymbol{P}^i(i=0,1)$，其中，$\boldsymbol{P}^0$ 为工序处于受控状态下的状态转移矩阵，$\boldsymbol{P}^1$ 为工序处于失控状态下的状态转移矩阵。$\boldsymbol{P}^i$ 为：

$$\boldsymbol{P}^i=\begin{bmatrix} p_{11} & p_{12} & p_{13} & 0 & 0 & 0 & p_{17} \\ p_{21} & p_{22} & p_{23} & 0 & 0 & 0 & p_{27} \\ 0 & 0 & 0 & p_{34} & p_{35} & p_{36} & p_{37} \\ 0 & 0 & 0 & p_{44} & p_{45} & p_{46} & p_{47} \\ p_{51} & p_{52} & p_{53} & 0 & 0 & 0 & p_{57} \\ 0 & 0 & 0 & p_{64} & p_{65} & p_{66} & p_{67} \\ 0 & 0 & 0 & 0 & 0 & 0 & 1 \end{bmatrix} \tag{5-2}$$

$p_{gl}(g=1,2,\cdots,7;\ l=1,2,\cdots,7)$ 表示转移概率，g 代表状态转移前工序所处状态，l 表示工序当前所处状态。对于 $i=0$，1，p_{gl} 计算表达式见表 5－3。

表 5－3　$p_{gl}(g=1,2,\cdots,7;\ l=1,2,\cdots,7)$ 计算表达式

$p_{11}=p_{21}=p_{51}=\sum_{x=a_1}^{a_1+b_1-1}\binom{x-1}{a_1-1}p_i^{a_1}(1-p_i)^{x-a_1}$	$p_{12}=p_{22}=p_{52}=\sum_{y=b_1}^{a_1+b_1-1}\binom{y-1}{b_1-1}p_i^{x-b_1}(1-p_i)^{b_1}Pr(S^2\leqslant cl_w\mid\mu_0,\sigma_i)$
$p_{13}=p_{23}=p_{53}=\sum_{y=b_1}^{a_1+b_1-1}\binom{y-1}{b_1-1}p_i^{x-b_1}(1-p_i)^{b_1}Pr(cl_w<S^2\leqslant cl_R\mid\mu_0,\sigma_i)$	$p_{17}=p_{27}=p_{57}=\sum_{y=b_1}^{a_1+b_1-1}\binom{y-1}{b_1-1}p_i^{x-b_1}(1-p_i)^{b_1}Pr(S^2>cl_R\mid\mu_0,\sigma_i)$
$p_{34}=p_{44}=p_{64}=\sum_{x=a_2}^{a_2+b_2-1}\binom{x-1}{a_2-1}p_i^{a_2}(1-p_i)^{x-a_2}$	$p_{35}=p_{45}=p_{65}=\sum_{y=b_2}^{a_2+b_3-1}\binom{y-1}{b_2-1}p_i^{x-b_2}(1-p_i)^{b_2}Pr(S^2\leqslant cl_w\mid\mu_0,\sigma_i)$
$p_{36}=p_{46}=p_{66}=\sum_{y=b_2}^{a_2+b_2-1}\binom{y-1}{b_2-1}p_i^{x-b_2}(1-p_i)^{b_2}Pr(cl_w<S^2\leqslant cl_R\mid\mu_0,\sigma_i)$	$p_{37}=p_{47}=p_{67}=\sum_{y=b_2}^{a_2+b_2-1}\binom{y-1}{b_2-1}p_i^{x-b_2}(1-p_i)^{b_2}Pr(S^2>cl_R\mid\mu_0,\sigma_i)$
其余各项概率为 0	

为后续计算方便，上述状态转移矩阵 $\boldsymbol{P}^i(\mathrm{i}=0,1)$ 可写为如下矩阵块形式：

$$\boldsymbol{P}^i=\begin{pmatrix}\boldsymbol{Q}^i & \boldsymbol{R}^i\\ \boldsymbol{0} & \boldsymbol{1}\end{pmatrix} \tag{5-3}$$

其中，$\boldsymbol{Q}^i$ 为工序处于 i 状态时的瞬时概率矩阵，$\boldsymbol{0}=(0,0,\cdots,0)_{1\times6}$，$\boldsymbol{R}^i$ 向量满足 $\boldsymbol{R}^i=\boldsymbol{1}-\boldsymbol{Q}^i\cdot\boldsymbol{1}$，其中 $\boldsymbol{1}=(1,1,\cdots,1)^T$。

由于工序处于各状态的瞬时概率是不确定的，我们采用工序处于各状态的稳态概率进行后续计算。为求稳态概率，我们重新整理上述瞬时概率矩阵 $\boldsymbol{Q}^i(i=0,1)$ 为 $\hat{\boldsymbol{Q}}^i(i=0,1)$，其具体形式为：

$$\hat{\boldsymbol{Q}}^i = \begin{bmatrix} p_{11}+p_{17} & p_{12} & p_{13} & 0 & 0 & 0 \\ p_{21}+p_{27} & p_{22} & p_{23} & 0 & 0 & 0 \\ p_{37} & 0 & 0 & p_{34} & p_{35} & p_{36} \\ p_{47} & 0 & 0 & p_{44} & p_{45} & p_{46} \\ p_{51}+p_{57} & p_{52} & p_{53} & 0 & 0 & 0 \\ p_{67} & 0 & 0 & p_{64} & p_{65} & p_{66} \end{bmatrix} \tag{5-4}$$

若记 $\Pi^i = (\pi_1^i, \pi_2^i, \pi_3^i, \pi_4^i, \pi_5^i, \pi_6^i)^T (i = 0,1)$ 为进程运行的稳态概率向量，根据马尔可夫理论，则有 $(\Pi^i)^T \cdot \hat{\boldsymbol{Q}}^i = (\Pi^i)^T$ 且 $(\Pi^i)^T \cdot \mathbf{1} = 1$，其中 $\mathbf{1} = (1,1,1,1,1,1)^T$。由此，便可推导出 $\Pi^i = (\pi_1^i, \pi_2^i, \pi_3^i, \pi_4^i, \pi_5^i, \pi_6^i)^T (i = 0,1)$ 中各稳态概率的具体计算表达式。

根据马尔可夫链的基本性质，工序从任意非吸收状态到达吸收状态的期望抽样次数为：

$$(\boldsymbol{\Pi}^i)^T (\boldsymbol{I} - \hat{\boldsymbol{Q}}^i)^{-1}, \quad i = 0 \text{ 或 } 1 \tag{5-5}$$

则对于 $i=0$ 或 1，V_p MIX S^2 控制图的 ATS 可计算如下：

$$ATS_i = (\boldsymbol{\Pi}^i)^T (\boldsymbol{I} - \hat{\boldsymbol{Q}}^i)^{-1} \boldsymbol{h} \tag{5-6}$$

其中，$\boldsymbol{h}^{\mathrm{T}} = (\mathrm{h}_1, \mathrm{h}_1, \mathrm{h}_1, \mathrm{h}_s, \mathrm{h}_s, \mathrm{h}_s)$ 为抽样时间间隔的列向量。

根据工序处于受控状态时间间隔服从参数为 $\lambda > 0$ 的指数分布的假定可知，当采用抽样间隔是 h_l 方案时，工序在第 i 次抽样和第 $i+1$ 次抽样之间发生方差漂移的期望时间可计算为：

$$\omega_1 = E(y - ih_l \mid ih_l \leqslant y \leqslant (i+1)h_l) = \frac{1-(1+\lambda h_l)e^{-\lambda h_l}}{\lambda(1-e^{-\lambda h_l})} \tag{5-7}$$

当采用抽样间隔为 h_s 方案时，在第 i 次抽样和第 $i+1$ 次抽样之间发生方差漂移的期望时间可计算为：

$$\omega_2 = E(y - ih_s \mid ih_s \leqslant y \leqslant (i+1)h_s) = \frac{1-(1+\lambda h_s)e^{-\lambda h_s}}{\lambda(1-e^{-\lambda h_s})} \tag{5-8}$$

故而当进程运行时，在第 i 次抽样和第 $i+1$ 次抽样之间发生方差漂移的期望时间长度可计算为：

$$\omega = \omega_1(\pi_1^1 + \pi_2^1 + \pi_3^1) + \omega_2(\pi_4^1 + \pi_5^1 + \pi_6^1) \tag{5-9}$$

综上所述，V_p MIX S^2 控制图的 $AATS$ 可计算为：

$$AATS = ATS_1 - \omega \tag{5-10}$$

5.4 优化分析

为求得 V_p MIX S^2 控制图的最优设计参数，这里构建了一个一般优化问题模型，其定义如下：

目标函数：$\min AATS$

满足条件：$ATS_0 \geqslant \tau$

$UDL > LDL > 0$

$h_{\max} > h_l \geqslant h_s > h_{\min}$

$n_{\max} > n_b \geqslant n_s \geqslant 1$

$a_2 \geqslant a_1, b_1 \geqslant b_2$

$wl_R \geqslant wl_T > 0$

$cl_R \geqslant cl_T > 0$

$a_1, a_2, b_1, b_2 \in N^*$

决策变量：$a_1, a_2, b_1, b_2, h_l, h_s, n_s, n_b, wl_R, wl_T, cl_R, cl_T, UDL, LDL$

(5-11)

其中，τ 代表控制图在工序受控状态下所允许发出错误警报信号的最短时间，通常由质量工程师决定。出于实际考虑，这里将最长抽样时间间隔限制为一个工作班次中可用的最大小时数，即 $h_{\max}=8$。抽样间隔的最短时间长度应保证能够在进程中抽取所需容量的样本，在后续数值优化中，取 $h_s > 0.1$。

5.5　算例分析

本章采用 Matlab 8.3.0（R2014a）优化工具箱中的遗传算法工具箱寻找控制图的最优设计参数值。由于 V_p MIX S^2 控制图是在静态 F_p MIX S^2 控制图的基础上提出的，因此将 V_p MIX S^2 图与 F_p MIX S^2 图及其他动态调整策略下的 MIX S^2 图（这里选择最常用的 VSI（variable sampling interval）策略下的 MIX S^2 图）相比较是较为合理的。为了公平地比较动态控制图与相应静态控制图的统计表现或经济表现，许多文献通常设定如下抽样时间区间值：对于静态的 F_p 图，假设 $h_s = h_l = 1$；动态图对应假定为工序受控状态下平均抽样时间区间长度为 $E_0(h) = 1$，同时假定 $ARL_0 = 370$，$\lambda = 0.02$。本章采用相同的假定，故有 $ATS_0 = 370$。根据前文所述：

$$E_0(h) = (\pi_1^0 + \pi_2^0 + \pi_3^0)h_l + (\pi_4^0 + \pi_5^0 + \pi_6^0)h_s \qquad (5-12)$$

表 5-4 展示了在 $E_0(h) = 1$，$ATS_0 = 370$ 限定条件下，当进程方差漂移取不同幅度值（$\delta = 1.5, 2.0, 2.5, 3.0, 5.0$）时，通过优化算法获得的 V_p MIX S^2 控制图最优设计参数取值和 AATS 值。需要特别指出的是，遗传算法是一种启发式算法，一般很难给出优化问题的精确解，本书在运行算法时，针对每个个例，将算法运行 3 次以上，以取得最小 *AATS* 值时的相应决策变量值作为最优解。

表 5-4　当 $E_0(h) = 1$，$ATS_0 = 370$ 时，V_p MIX S^2 控制图最优设计参数及 *AATS* 值

δ	a_1	a_2	b_1	b_2	h_s	h_l	n_s	n_b	wl_R	wl_T	cl_R	cl_T	*LCL*	*UCL*	*AATS*
1.5	13	20	8	5	0.41	1.23	4	7	0.0011	0.0005	0.0016	0.0009	9.08	13.42	7.423
2.0	10	14	9	3	0.34	1.65	3	5	0.0017	0.0008	0.0024	0.0013	8.45	11.37	5.331

续表

δ	a_1	a_2	b_1	b_2	h_s	h_l	n_s	n_b	wl_R	wl_T	cl_R	cl_T	LCL	UCL	$AATS$
2.5	8	9	6	3	0.52	1.19	3	6	0.0012	0.0007	0.0017	0.0013	8.14	10.71	5.049
3.0	7	9	3	2	0.71	1.45	4	5	0.0014	0.0006	0.0015	0.0009	6.55	9.87	2.112
5.0	4	6	2	1	0.19	1.33	4	5	0.0006	0.0005	0.0011	0.0008	6.01	7.14	2.007

从表 5 -4 可以得到以下结论。

（1）随着方差漂移幅度 δ 的增大，V_p MIX S^2 控制图的 *AATS* 最优值逐渐减小。这是因为，进程偏离目标值越大时，控制图越能够更加快速发现进程的漂移。

（2）随着方差漂移幅度 δ 的增大，环规的规格限区间，即（*LDL*，*UDL*），以及 S^2 控制图的预警限区间和控制限区间趋向于收窄。这意味着，随着进程偏离目标值的增大，进程偏向于执行更加严格的监测方案。

（3）随着方差漂移幅度 δ 的增大，总体上看，V_p MIX S^2 控制图 *AATS* 最优值减小的幅度变小。这是因为，一般而言，进程漂移幅度越大，控制图越能够更加快速地检测到这一变化，当漂移幅度扩大到一定值时，控制图检测能力不再会有大的改变。

表 5 -5 给出了在不同进程方差漂移幅度下（δ = 1.5,2.0,2.5,3.0,5.0）和工序受控状态下不同平均抽样间隔时间长度取值下（$E_0(h)$ = 1,1.5,2），F_p、*VSI* 和 V_p MIX S^2 三张控制图最优的 *AATS* 取值。

表 5 -5　当 δ = (1.5,2.0,2.5,3.0,5.0)，$E_0(h)$ =1,1.5,2 时，F_p、*VSI* 和 V_p MIX S^2 控制图最优 *AATS* 取值

δ	$E_0(h)$ = 1, ATS_0 = 370			$E_0(h)$ = 1.5, ATS_0 = 370			$E_0(h)$ = 2, ATS_0 = 370		
	$AATS_{F_p}$	$AATS_{VSI}$	$AATS_{V_p}$	$AATS_{F_p}$	$AATS_{VSI}$	$AATS_{V_p}$	$AATS_{F_p}$	$AATS_{VSI}$	$AATS_{V_p}$
1.5	22.038	9.044	7.423	24.551	10.152	7.915	24.608	10.905	8.248
2.0	14.856	7.050	5.331	14.552	8.154	5.813	15.116	9.005	6.145
2.5	10.527	6.229	5.049	11.086	6.893	5.477	12.598	7.522	6.014
3.0	4.688	2.985	2.612	4.967	3.156	2.947	6.854	4.555	3.411
5.0	3.047	2.181	2.007	3.482	2.388	2.219	4.775	3.018	2.987

由表 5 -5 可以得到以下结论。

（1）在不同 δ 取值下，F_p MIX S^2 控制图 $AATS$ 最优值 $AATS_{F_p}$ > VSI MIX S^2 控制图 $AATS$ 最优值 $AATS_{VSI}$ > V_p MIX S^2 控制图 $AATS$ 最优值 $AATS_{V_p}$。这代表，从统计性能表现来看，本章所提出的 V_p MIX S^2 控制图要优于对应的 F_p 图和 VSI 图，而 VSI 图要优于 F_p 图。尤其是当漂移幅度较小时，这种表现更为明显。图 5 -2（b）展示了当 $E_0(h)=1.5$ 时，F_p、VSI 和 V_p MIX S^2 三张控制图 $AATS$ 最优值随 δ 取值的变化，由此，可以直观地看出 V_p MIX S^2 表现最优。

（2）随着 $E_0(h)$ 取值增大，三张图的 $AATS$ 最优值都在增大。这是由于抽样时间区间扩大引起的。图 5 -2（a）展示了 V_p MIX S^2 控制图 $AATS$ 最优值受 $E_0(h)$ 取值大小的影响。

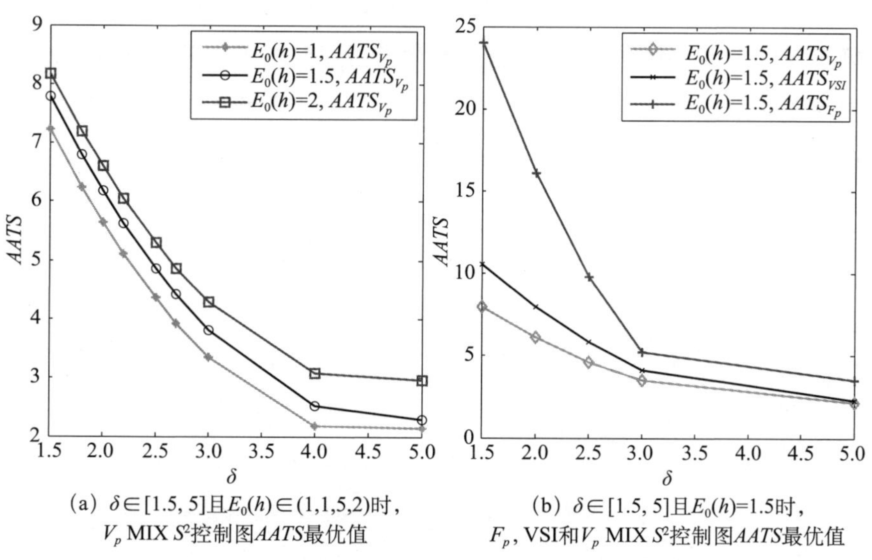

(a) $\delta \in [1.5, 5]$且$E_0(h) \in (1,1,5,2)$时，V_p MIX S^2控制图$AATS$最优值

(b) $\delta \in [1.5, 5]$且$E_0(h)=1.5$时，F_p, VSI和V_p MIX S^2控制图$AATS$最优值

图 5 -2　δ 和 $E_0(h)$ 对控制图 $AATS$ 最优值的影响

（3）随着漂移幅度 δ 的增大，F_p，VSI 和 V_p MIX S^2 三张控制图对于进程漂移的检测能力差距在不断缩小。这种结果与实践是相符的，原因不再赘述。

5.6 本章小结

由郝和奎宁（Ho & Quinino，2016）所提出的静态 F_p MIX S^2 控制图在检测工序漂移过程中采用了属性数据和变量数据二型数据，既吸收了变量型检测采样容量小的优点又保留了属性型检测成本低、耗时少的优点。为进一步提升静态 MIX S^2 控制图检测工序漂移的灵敏度，本章提出了一张动态 V_p MIX S^2 控制图。通过数值仿真，比较了 V_p MIX S^2 控制图与相应 F_p 图和 VSI 图在 *AATS* 方面的统计性能表现。数值结果表明，V_p MIX S^2 控制图在不同方差漂移幅度下始终保持最优的统计性能，尤其当进程方差漂移幅度较小时，较大幅度提升了原静态 MIX S^2 控制图的统计性能。本章最后还分析了方差漂移幅度 δ 和工序受控状态下，平均抽样间隔 $E_0(h)$ 对控制图 *AATS* 最优取值的影响。

第6章 TBE控制图与服务设施维护管理的联合优化设计研究

6.1 引言

在前面的章节中，我们所探讨的控制图的改进设计和控制图与维护管理的集成设计研究都是在制造业环境下完成的。控制图不仅适用于制造业，在服务业中同样适用。事实证明，通过恰当地运用控制图，绝大部分服务过程可以得到改进（埃文斯和林赛，2010）。控制图在服务业环境下应用的关键是，由于服务业中一般没有抽样等概念，所以传统控制图很难适用，找到服务中适宜的、可监控的质量指标成为必须。在这一章中，我们探讨在服务业环境下如何有效地选择控制图并建立起控制图与维护管理的集成模型。

随着人们生活水平的不断提高，服务业占整个社会经济活动的比重越来越高；而伴随着高新科技的不断发展，服务业也越来越以技术为基础。先进的服务设备，如自动取款机、自动售票机、电脑等，逐渐改变了客户与服务提供者之间的交流方式（Meuter & Bitner, 2000）。如此，服务的质量也越来越依赖于服务设施的性能表现。因此，经济又高效的设备维护策略，对于想要赢得市场竞争的服务企业，显得尤为重要（Ohman et al., 2015）。

设备的维护管理一直是学者们研究的热点。在文献研究中，维护管理在制造业中的研究工作已十分丰硕（Ding & Kamaruddin，2015）。其中纠正型维护是制造业维护策略中使用最早也是最常用的一种策略，但只有当设备发生故障时，这种维护策略才会被执行。随着制造业生产的日渐复杂，某个设备组件的失效往往会导致整个生产系统的完全“宕机”，这对制造商来说无疑是灾难性的。为了预防这种情况的发生，专家们提出了预防型维护的概念，它指的是在预先设定的固定的时间间隔节点上执行维护，从而减少或防止设备故障的发生（Peng et al.，2010）。然而，当历史数据稀少时，很难确定最佳的预防型维护时间间隔（Wang et al.，2007）。为此，学者们提出了一种根据实时的生产系统状态进行设备维护的方法。这种方法早先利用设备测量仪器（如传感器）实时监测生产系统的状态，为维护策略的执行提供信息支持。最近，作为过程监控的重要工具——控制图工具，常常被应用在基于设备状态的维护策略中（Makis & Farnoosh，2015）。例如，杨等（Yeung et al.，2008）通过 $\overline{X}$ 控制图反馈的信息决定是否对设备执行纠正型维护，他们的模型中还同时考虑了计划型维护的存在；潘等（Pan et al.，2012）采用控制图工具监控一个经济生产批量过程，并根据控制图信号判断是否需要对生产过程执行维护；邓（Deng，2015）将控制图与维护策略结合在一起，提出了一个延迟维护的策略，即在控制图发出警报信号后允许延迟一段时间后再对进程进行检测和维护。

对比维护管理在制造业中的应用，维护管理在服务业中的应用研究较为匮乏。一般地，制造业环境下提出的基于设备状态的维护策略很难在服务业中得到实施。在制造业中使用常规控制图从进程中抽取样本然后计算样本质量特性的统计量，并根据统计量表现对设备实施维护的方法在绝大多数服务环境中难以适用。最近，刘等（Liu et al.，2013）研究发现，在现实环境中，尤其当事件（或故障）发生率较低时，监控发生事件间的间隔时间比监控出现产品缺陷或者设备故障的发生强度更为重要。卢卡斯（Lucas，1985）、瓦尔德曼和雷（Varderman & Ray，1985）等率先提出了监控事件间时间间隔的想法，并提出了 TBE 控制图的概念。由于 TBE 控制图不需要抽取样本，也就没有样本容量以及抽样时间间隔概念的限制，所以 TBE 控制图不仅能在制造业中应用（监控不合格产品间时间间隔等），在服务业中也能得到充分的应用（监控设备故障时间间隔等）。这样一来，TBE 控制图则为服务设施基于状态的维护提供了一种理想的工具。

TBE 控制图的基本设计如下。假设设备出现故障或产出有缺陷产品的时间服从指数分布，强度为 λ，则该指数分布的分布函数为：

$$F(t;\lambda) = 1 - \exp(-\lambda t), \quad t \geqslant 0 \tag{6-1}$$

若记 λ_0 为进程处于受控状态下，设备在 $[0,t)(t>0)$ 时间上的故障强度；α 为控制图第一类错误（Type Ⅰ error）强度；UCL 和 LCL 分别为控制图的控制上限和控制下限。则对于一张 TBE 控制图而言，有：

$$\begin{cases} F(UCL;\lambda_0) = 1 - \exp(-\lambda_0 UCL) = 1 - \dfrac{\alpha}{2} \\ F(LCL;\lambda_0) = 1 - \exp(-\lambda_0 UCL) = \dfrac{\alpha}{2} \end{cases} \tag{6-2}$$

也即有：

$$\begin{cases} UCL = \dfrac{1}{\lambda_0}\ln\left(\dfrac{2}{\alpha}\right) \\ LCL = \dfrac{1}{\lambda_0}\ln\left(\dfrac{2}{2-\alpha}\right) \end{cases} \tag{6-3}$$

记 $\lambda_1(\lambda_1 \geqslant \lambda_0)$ 为进程处于失控状态下，设备在 $[0,t)(t>0)$ 时间上的故障强度。则可计算 TBE 控制图在进程失控状态下的平均运行长度 ARL，$ARL = \dfrac{1}{1-\beta}$，其中：

$$
\begin{aligned}
\beta &= F(UCL;\lambda_1) - F(LCL;\lambda_1) \\
&= \exp\left[\frac{\lambda_1}{\lambda_0}\ln\left(\frac{2-\alpha}{2}\right)\right] - \exp\left[\frac{\lambda_1}{\lambda_0}\ln\left(\frac{\alpha}{2}\right)\right] \quad (6-4)
\end{aligned}
$$

近期，关于 TBE 控制图的研究有：谢等（Xie et al.，2008）提出了一张 TBE—EWMA 控制图用来监控服从威布尔分布的时间间隔数据；张等（Zhang et al.，2011）建立了一个经济设计 TBE 控制图的一般模型；程（Cheng，2015）通过引入一种序贯抽样策略对 TBE 控制图进行改进，提出了一个新的 TBE 控制图设计方案。但是，截至目前，文献研究中还未发现有 TBE 控制图和基于状态的维护策略相结合的研究，尤其在服务业中。

另外，在很多情况下服务业不同于制造业的一点是，服务提供过程中经常会出现顾客排队等待的现象。因此，当在服务业环境下考虑控制图的设计问题时，在一个排队系统中考虑控制图的设计是符合逻辑的。控制图设计与排队系统相结合的研究已经引起学者们的注意，但这方面的研究工作十分有限，近期，肖瑞（Shore，2006）尝试在一个 G/G/S 排队系统中设计一张监控等待队长的控制图。卡帕德和达贝（Khaparde & Dhabe，2010）在一个 M/M/1 的排队系统中设计了一张监控随机队长的控制图。这些研究也只是给出了排队系统中控制图的简单设计，没有考虑排队系统参数设计对于控制图设计的影响，也没有考虑控制图在排队系统中与设施维护策略中的结合问题。

在上述情况下，本章首次将 TBE 控制图应用在一个排队系统的维护模型中，监控服务设施的故障间时间，利用 TBE 控制图的“信号”来动态调节设备维护策略。在建立的整合模型中，若控制图发出警报信号，则对服务设施执行被动型维护。模型建立过程中还同时考虑了计划型维护，在系统进入空闲状态时，它以一定的强度被执行。最后，通过最小化系统稳定状态下的单位时间成本优化，选择最优的控制图设计方案和最佳的计划型维护强度。

6.2　模型描述

本章所用符号见表 6－1。

表 6－1　符号及其含义

符号	含义
λ	顾客到达强度
μ	设备服务强度
p_m	计划型维护概率
t_{TBE}	两个连续故障之间的时间间隔
LCL	TBE 控制图的控制下限
β	设备由健康（受控）状态转至不健康（失控）状态的强度
$\gamma_{\mathrm{I}}(\gamma_{\mathrm{II}})$	发生第一类（Type Ⅰ）（第二类（Type Ⅱ））故障的强度
$\theta_{r0}(\theta_{r1})$	当设备处于健康（不健康）状态时执行设备重启的强度
$\theta_{m0}(\theta_{m1})$	当设备处于健康（不健康）状态时执行维护措施的强度
$E(L)$	期望队长
C_i	设备处于 $i(i=0,1)$ 状态下的单位运作成本
C_{reset}	重启设备单位时间成本
C_{RM}	执行纠正型维护单位时间成本
C_{PM}	执行计划型维护单位时间成本
C_d	单个顾客单位时间等待成本
C_{lost}	服务器满员造成的单个顾客损失成本
λ_{lost}	服务器满员造成的单位时间内损失顾客的期望数
N	服务台顾客容量

考虑一个由单个服务设施（服务台）构成的服务系统且服务台服务顾客容量有限。服务台对顾客服务时间独立同指数分布，强度为 μ；顾客到达服务台服从泊松分布，强度为 λ。换而言之，此服务系统构成了一个 M/M/1 的排队系统。我们同时假定服务台容量有限，即当服务缓冲容量（buffer room）满员时新到的顾客选择离开。

服务台在运行过程中可能发生可归因因素，可归因因素的发生使得设备逐渐退化。当设备处于退化状态时，服务设备由健康状态（记为状态0）转移至不健康状态（记为状态1）。不失一般性地，假定发生可归因因素的时间服从非负的指数分布，强度为β。设备在运行过程中也可能发生故障，我们考虑两种不同类型故障的存在：其一为外部环境所导致的故障（例如设备所处环境、操作者错误行为等造成的故障），记为 Type Ⅰ 故障。其二为设备相关的故障，记为 Type Ⅱ 故障。假定发生 Type Ⅰ 故障的时间同样服从非负的指数分布，强度为γ_{I}。当 Type Ⅰ 故障发生时，服务管理人员重启设备，设备恢复至故障发生前的工作状态。假定设备在健康（不健康）状态时发生设备重启，重启的时间服从非负的指数分布，强度为$\theta_{r0}(\theta_{r1})$。假定 Type Ⅱ 故障只能在设备处于不健康的状态时发生，发生 Type Ⅱ 故障的时间同样服从非负的指数分布，强度为γ_{II}。当监测到设备发生 Type Ⅱ 故障时，管理人员将会执行一次设备维护从而将设备恢复到健康的工作状态。当设备处于健康（不健康）状态时，维护设备所需的时间服从非负的指数分布，强度为$\theta_{m0}(\theta_{m1})$。不失一般性地，假设$\theta_{r0} > \theta_{r1} > \theta_{m0} > \theta_{m1}$。

可归因因素的出现使得设备故障强度大大提高，但由于不能在设备上直接观察到可归因因素的发生，因此很难判断设备是在哪一种运行状态下发生哪一类故障。如此一来，当故障发生时，由于不能识别故障的类型也就很难决定对设备是执行重启还是执行维护。

为了解决上面的问题，在本章中我们采用 TBE 控制图来监测设备发生故障间的间隔时间。在 TBE 控制图监控过程中，根据控制图发出的信号判定是否需要对设备执行维护。在所建立的 TBE 控制图—维护模型中，我们同时考虑了计划型维护（preventive maintenance，PM）和被动型维护（reactive maintenance，RM）两种维护方式。这两种维护方式都能够使设备从不健康的运行状态调整到健康的运行状态。当 TBE 控制图发出警报信号时，即设备两次故障的间隔时间t_{TBE}小于

TBE 控制图的下控制限 LCL 时，管理者将对设备立即执行一次被动性维护；如果设备出现故障，控制图没有发出警报信号，管理人员将会重启设备从而将设备调整到故障发生前的运行状态。当系统进入空闲状态（系统内没有顾客）时，则有一定的概率执行计划性维护，记此时执行计划性维护的概率为 p_m。举例来说，假设 $p_m = 0.5$，则这意味着设备两次进入空闲状态时，其中可能有一次会被执行计划性维护。图 6－1 给出了 TBE 控制图—维护整合模型的框架图。图 6－2 则给出了本章所使用的 TBE 控制图的图形展示。

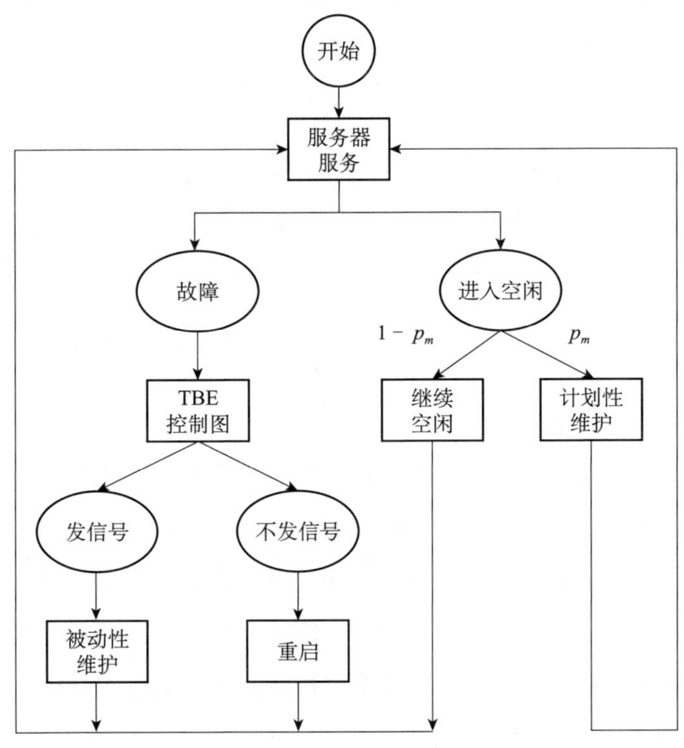

图 6－1　整合模型基本框架

由图 6－2 可知，我们可将 TBE 控制图分成两个区域，分别为：

$$\text{发信号区域 } I_1:\quad t_{TBE} \in [0, LCL]$$

$$\text{受控区域 } I_2:\quad t_{TBE} \in (LCL, +\infty)$$

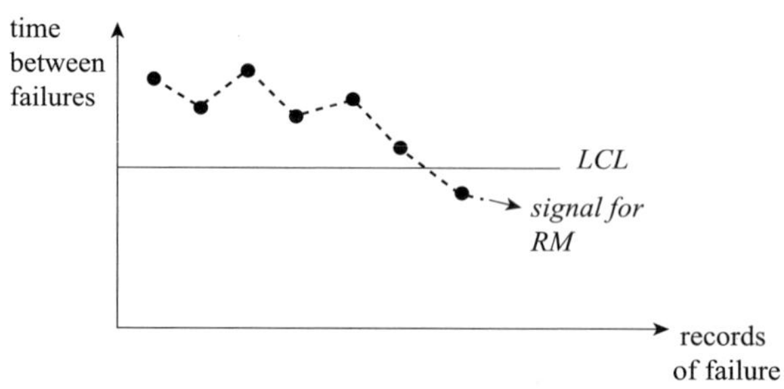

图 6-2 TBE 控制图

记 α_i 为当设备处于 $i(i=0,1)$ 状态时，TBE 控制图发出警报信号的概率；其中 0（1）表示设备处于健康（不健康）状态。已知设备发生故障的时间服从指数分布，则有：

$$\begin{aligned}
\alpha_0 &= p\{t_{TBE} \in I_1 \mid i=0\} \\
&= 1-\exp(-\gamma_1 LCL) \\
LCL &= \ln(1/(1-\alpha_0))/\gamma_1 \\
\alpha_1 &= p\{t_{TBE} \in I_1 \mid i=1\} \\
&= 1-\exp\left(\frac{\gamma_2 \ln(1-\alpha_0)}{\gamma_1}\right)
\end{aligned} \tag{6-5}$$

其中，$\gamma_1=\gamma_{\mathrm{I}}$，$\gamma_2=\gamma_{\mathrm{I}}+\gamma_{\mathrm{II}}$。

对设备执行维护可以减小设备故障发生强度，从而保证设备能够持续地在健康状态下运行。但同时需要指出的是，过多不必要的维护行为往往会造成维护成本的增加，同时延长顾客的等待时间，影响顾客的服务体验从而造成顾客的损失。因此，如何平衡维护次数是一个重要的议题。接下来给出整合模型在排队系统下的稳态分析。

6.3 整合模型的稳态分析

我们构造一条二维的连续时间马尔可夫链（简记为 CTMC）$\{L(t),$

$S(t), t \geqslant 0\}$，其中，$L(t)$ 代表排队系统在 t 时刻拥有的顾客数量；$S(t)$ 代表在 t 时刻设备的运行状态。根据前文所述可知，设备在运行过程中可能出现六种状态，分别表示如下：

$$S(t)=\begin{cases}0, & \text{设备在健康的状态下运行}\\ 1, & \text{设备在不健康的状态下运行}\\ 2, & \text{设备在健康的状态下发生重启}\\ 3, & \text{设备在健康的状态下执行维护}\\ 4, & \text{设备在不健康的状态下发生重启}\\ 5, & \text{设备在不健康的状态下执行维护}\end{cases} \quad (6-6)$$

如此，则该 CTMC 的状态空间可表示为 $\{0,1,2,3,\cdots\} \times \{1,2,3,4,5\}$。图 6－3 给出了该排队系统的各状态之间的转移。

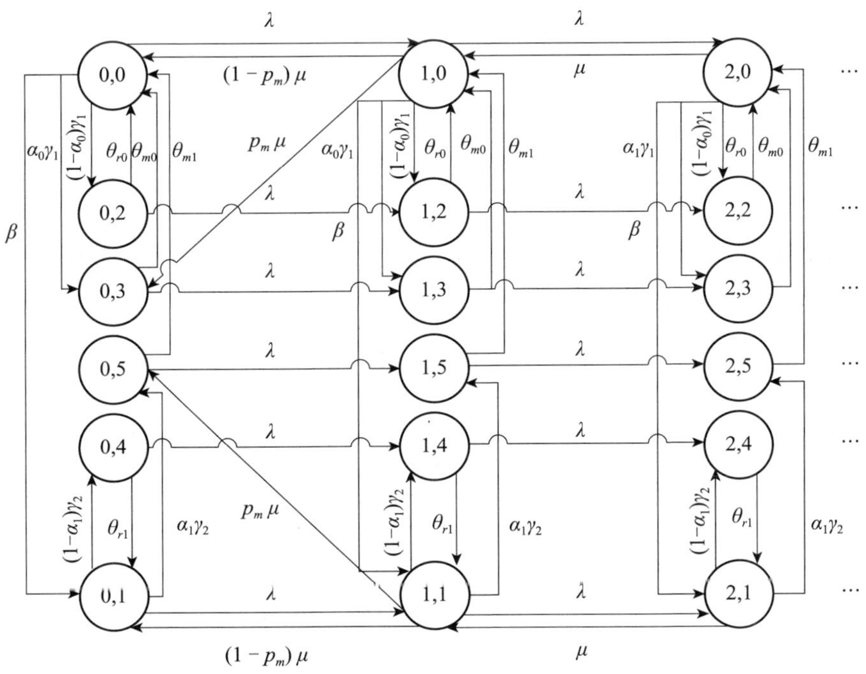

图 6－3　系统马氏状态转移

按照顾客数量升序排列的规则对系统状态进行重新排列，则有：

水平 0：(0, 0)，(0, 1)，(0, 2)，(0, 3)，(0, 4)，(0, 5)；

水平 1：(1, 0)，(1, 1)，(1, 2)，(1, 3)，(1, 4)，(1, 5)；

水平 2：(2, 0)，(2, 1)，(2, 2)，(2, 3)，(2, 4)，(2, 5)；

水平 3：(3, 0)，(3, 1)，(3, 2)，(3, 3)，(3, 4)，(3, 5)；

…，…，…

水平 N：(N, 0)，(N, 1)，(N, 2)，(N, 3)，(N, 4)，(N, 5)；

根据状态转移图，状态转移矩阵 $\boldsymbol{Q}$ 可表达如下：

$$\boldsymbol{Q}=\begin{pmatrix} \boldsymbol{B}_0 & \boldsymbol{A}_0 & & & & \boldsymbol{0} \\ \boldsymbol{C}_1 & \boldsymbol{B}_1 & \boldsymbol{A}_1 & & & \\ & \boldsymbol{C}_2 & \boldsymbol{B}_2 & \boldsymbol{A}_2 & & \\ & & \ddots & \ddots & \ddots & \\ & & & \boldsymbol{C}_{N-1} & \boldsymbol{B}_{N-1} & \boldsymbol{A}_{N-1} \\ \boldsymbol{0} & & & & \boldsymbol{C}_N & \boldsymbol{B}_N \end{pmatrix} \tag{6-7}$$

其中，$\boldsymbol{A}_i(0\leqslant i\leqslant N-1)$ 是设备运行状态从 i 水平转移至 $i+1$ 水平的概率转移矩阵块；$\boldsymbol{B}_i(0\leqslant i\leqslant N)$ 是设备运行状态从 i 水平转移至 i 水平的概率转移矩阵块；$\boldsymbol{C}_i(1\leqslant i\leqslant N)$ 是设备运行状态从 i 水平转移至 $i-1$ 水平的状态转移矩阵块。进一步地，有：

$$\boldsymbol{A}_i=\begin{pmatrix} \lambda & 0 & 0 & 0 & 0 & 0 \\ 0 & \lambda & 0 & 0 & 0 & 0 \\ 0 & 0 & \lambda & 0 & 0 & 0 \\ 0 & 0 & 0 & \lambda & 0 & 0 \\ 0 & 0 & 0 & 0 & \lambda & 0 \\ 0 & 0 & 0 & 0 & 0 & \lambda \end{pmatrix} \tag{6-8}$$

其中，$i=0,1,\cdots,N-1$。

$$\boldsymbol{B}_0=\begin{pmatrix} -\beta-\gamma_1-\lambda & \beta & (1-\alpha_0)\gamma_1 & \alpha_0\gamma_1 & 0 & 0 \\ 0 & -\gamma_2-\lambda & 0 & 0 & (1-\alpha_1)\gamma_2 & \alpha_1\gamma_2 \\ \theta_{r0} & 0 & -\theta_{r0}-\lambda & 0 & 0 & 0 \\ \theta_{m0} & 0 & 0 & -\theta_{m0}-\lambda & 0 & 0 \\ 0 & \theta_{r1} & 0 & 0 & -\theta_{r1}-\lambda & 0 \\ \theta_{m1} & 0 & 0 & 0 & 0 & -\theta_{m1}-\lambda \end{pmatrix} \tag{6-9}$$

$$\boldsymbol{B}_i=\begin{pmatrix} -\beta-\gamma_1-\mu-\lambda & \beta & (1-\alpha_0)\gamma_1 & \alpha_0\gamma_1 & 0 & 0 \\ 0 & -\mu-\gamma_2-\lambda & 0 & 0 & (1-\alpha_1)\gamma_2 & \alpha_1\gamma_2 \\ \theta_{r0} & 0 & -\theta_{r0}-\lambda & 0 & 0 & 0 \\ \theta_{m0} & 0 & 0 & -\theta_{m0}-\lambda & 0 & 0 \\ 0 & \theta_{r1} & 0 & 0 & -\theta_{r1}-\lambda & 0 \\ \theta_{m1} & 0 & 0 & 0 & 0 & -\theta_{m1}-\lambda \end{pmatrix} \tag{6-10}$$

其中，$i=1,2,\cdots,N-1$。

$$\boldsymbol{B}_N=\begin{pmatrix} -\beta-\gamma_1-\mu & \beta & (1-\alpha_0)\gamma_1 & \alpha_0\gamma_1 & 0 & 0 \\ 0 & -\mu-\gamma_2 & 0 & 0 & (1-\alpha_1)\gamma_2 & \alpha_1\gamma_2 \\ \theta_{r0} & 0 & -\theta_{r0} & 0 & 0 & 0 \\ \theta_{m0} & 0 & 0 & -\theta_{m0} & 0 & 0 \\ 0 & \theta_{r1} & 0 & 0 & -\theta_{r1} & 0 \\ \theta_{m1} & 0 & 0 & 0 & 0 & -\theta_{m1} \end{pmatrix} \tag{6-11}$$

$$C_1 = \begin{pmatrix} (1-p_m)\mu & 0 & 0 & p_m\mu & 0 & 0 \\ 0 & (1-p_m)\mu & 0 & 0 & p_m\mu & 0 \\ 0 & 0 & 0 & 0 & 0 & 0 \\ 0 & 0 & 0 & 0 & 0 & 0 \\ 0 & 0 & 0 & 0 & 0 & 0 \\ 0 & 0 & 0 & 0 & 0 & 0 \end{pmatrix} \tag{6-12}$$

$$C_i = \begin{pmatrix} \mu & 0 & 0 & 0 & 0 & 0 \\ 0 & \mu & 0 & 0 & 0 & 0 \\ 0 & 0 & 0 & 0 & 0 & 0 \\ 0 & 0 & 0 & 0 & 0 & 0 \\ 0 & 0 & 0 & 0 & 0 & 0 \\ 0 & 0 & 0 & 0 & 0 & 0 \end{pmatrix} \tag{6-13}$$

其中，$i = 2,3,\cdots,N$。

记：

$$\begin{cases} \pi_{i,j}(t) = Pr\{L(t) = i, S(t) = j\} \\ \pi_{i,j} = \lim\limits_{t\to\infty}\pi_{i,j}(t) \\ \Pi_i = (\pi_{i,0}, \pi_{i,1}, \pi_{i,2}, \pi_{i,3}, \pi_{i,4}, \pi_{i,5}) \\ \Pi = (\Pi_0, \Pi_1, \Pi_2, \Pi_3, \Pi_4, \Pi_5) \end{cases}, \quad i = 0,1,\cdots,N \tag{6-14}$$

为了得到系统运行的稳态概率 Π，本章采用 RG 因式分解方法（Li et al.，2007）分解生成矩阵 $\boldsymbol{Q}$。记 $U = diag(U_0, U_1, \cdots, U_N)$，则有：

$$\boldsymbol{R} = \begin{pmatrix} 0 & \boldsymbol{R}_0 & & & \\ & 0 & \boldsymbol{R}_1 & & \\ & & \ddots & \ddots & \\ & & & 0 & \boldsymbol{R}_{N-1} \\ & & & & 0 \end{pmatrix} \tag{6-15}$$

$$\boldsymbol{G}=\begin{pmatrix}0 & & & \\ \boldsymbol{G}_1 & 0 & & \\ & \ddots & \ddots & \\ & & \boldsymbol{G}_N & 0\end{pmatrix} \tag{6-16}$$

其中，$\boldsymbol{U}_i(i=0,1,\cdots,N)$，$\boldsymbol{R}_i(i=0,1,\cdots,N-1)$，$\boldsymbol{G}_i(i=1,2,\cdots,N)$ 和 $\boldsymbol{A}_i$ 有相同的矩阵维度。令 $\boldsymbol{Q}=(\boldsymbol{I}-\boldsymbol{R})\boldsymbol{U}(\boldsymbol{I}-\boldsymbol{G})$，通过如下迭代可计算出矩阵 $\boldsymbol{R}$、$\boldsymbol{U}$ 和 $\boldsymbol{G}$：

$$\begin{cases}\boldsymbol{U}_i-\boldsymbol{A}_i\boldsymbol{G}_{i+1}=\boldsymbol{B}_i, & i=0,1,\cdots,N-1\\ -\boldsymbol{R}_i\boldsymbol{U}_{i+1}=\boldsymbol{A}_i, & i=0,1,\cdots,N-1\\ -\boldsymbol{U}_i\boldsymbol{G}_i=\boldsymbol{C}_i, & i=1,2,\cdots,N\\ \boldsymbol{U}_N=\boldsymbol{B}_N\end{cases} \tag{6-17}$$

综上所述，排队系统的稳态概率可通过定理 6.1 求得。

定理 6.1　上述排队系统的稳定状态概率可通过式（6－18）求得。

$$\begin{cases}\Pi_0=\tau\boldsymbol{Z}_0\\ \Pi_i=\Pi_{i-1}\boldsymbol{R}_{i-1}\end{cases},\quad i=1,2,\cdots,N \tag{6-18}$$

其中，$\boldsymbol{Z}_0$ 是生成矩阵 $\boldsymbol{U}_0$ 的稳态概率向量，标量 τ 可由等式 $\sum_0^N \Pi_i\cdot e=1$ 求得，也即：

$$\tau\boldsymbol{Z}_0\sum_0^N\sum_{i=0}^{n-1}\boldsymbol{R}_i\cdot e=1 \tag{6-19}$$

证明 6.1　根据马尔可夫定理，则有：

$$\Pi\boldsymbol{Q}=\Pi(\boldsymbol{I}-\boldsymbol{R})\boldsymbol{U}(\boldsymbol{I}-\boldsymbol{G})=0 \tag{6-20}$$

令 $X=(X_0,X_1,X_2,\cdots,X_N)$，$X=\Pi(\boldsymbol{I}-\boldsymbol{R})$，则有：

$$X\boldsymbol{U}(\boldsymbol{I}-\boldsymbol{G})=0 \tag{6-21}$$

由此可得：

$$\begin{cases}X_i\boldsymbol{U}_i-X_{i+1}\boldsymbol{U}_{i+1}\boldsymbol{G}_{i+1}=0\\ X_N\boldsymbol{U}_N=0,i=0,1,2,\cdots,N-1\end{cases} \tag{6-22}$$

注意，$\boldsymbol{U}_0$ 是上述截尾链的过渡生成矩阵，存在稳态概率向量 $\boldsymbol{Z}_0$ 满足 $\boldsymbol{Z}_0\boldsymbol{U}_0=0$，$Z_0e=1$，其中 $e=(1,1,\cdots,1)^T$。同样地，容易证明对于上述方程存在一个非零非负解，即 $(\tau Z_0,0,0,\cdots,0)$，其中 τ 是正的常量。根据上述关于 X 的定义，则有：

$$[\Pi_0,\Pi_1,\cdots,\Pi_N]\begin{pmatrix} I & -\boldsymbol{R}_0 & & & \\ & I & -\boldsymbol{R}_1 & & \\ & & \ddots & \ddots & \\ & & & I & -\boldsymbol{R}_{N-1} \\ & & & & I \end{pmatrix}=[\tau Z_0,0,\cdots,0] \tag{6-23}$$

由此可推得定理成立。标量 τ 可由标准化条件 $\sum_0^N \Pi_i \cdot e=1$ 推得。证毕。

6.4 最优维护策略模型

对于上述研究的单服务台排队系统，系统成本主要包括五个部分，分别是服务运作成本、设备重启成本、设备维护成本、顾客等待成本以及顾客损失成本。接下来，我们将一一给出上述各成本的详细计算，并通过最小化稳定状态下系统单位时间期望总成本求得最优的维护策略和控制图设计参数。

1. 服务运作成本

记 C_0 和 C_1 分别为设备处于 0 状态和 1 状态下的单位时间运行成本。容易看出，$C_1>C_0>0$。根据前文的分析可知，服务进程总的运行成本的期望值为：

$$C_0\sum_{i=0}^{N}\pi_{i,0}+C_1\sum_{i=0}^{N}\pi_{i,1} \tag{6-24}$$

2. 设备重启成本

记 C_{reset} 为单位时间上的设备重启成本。已知设备在稳态运行下出现重启的概率为：

$$\Pi_{reset} = \sum_{i=0}^{N}(\pi_{i,2} + \pi_{i,4}) \tag{6-25}$$

故由于重启设备所造成的期望成本为 $C_{reset}\Pi_{reset}$。

3. 设备维护成本

设备的维护成本可以分成两个部分，计划性维护（PM）成本和被动性维护（RM）成本。记 C_{PM} 和 C_{RM} 分别为执行计划性维护和被动性维护所产生的单位时间成本。为得到单位时间上维护成本的期望值，需要计算设备在稳定状态下执行计划性维护和被动性维护的概率。记 Π_{PM} 和 Π_{RM} 分别为设备在稳定状态下执行计划性维护和被动性维护的概率，可通过定理 6.2 推得。

定理 6.2

$$\begin{cases} \Pi_{PM} = \sum_{i=0}^{N}(\pi_{i,3} \cdot \hat{\pi}_{i,3} + \pi_{i,5} \cdot \hat{\pi}_{i,5}) \\ \Pi_{RM} = \sum_{i=0}^{N}(\pi_{i,3} - \pi_{i,3} \cdot \hat{\pi}_{i,3} + \pi_{i,5} - \pi_{i,5} \cdot \hat{\pi}_{i,5}) \end{cases} \tag{6-26}$$

其中，$\pi_{i,j}$ 可见定理 6.1。

$$\begin{cases} \hat{\pi}_{0,3} = \dfrac{p_m \mu \pi_{1,0}}{p_m \mu \pi_{1,0} + \alpha_0 \gamma_1 \pi_{0,0}} \\ \hat{\pi}_{0,5} = \dfrac{p_m \mu \pi_{1,1}}{p_m \mu \pi_{1,1} + \alpha_0 \gamma_2 \pi_{0,1}} \end{cases} \tag{6-27}$$

$$\begin{cases} \hat{\pi}_{i,3} = \dfrac{\lambda \hat{\pi}_{i-1,3}}{\lambda \hat{\pi}_{i-1,3} + \alpha_0 \gamma_1 \pi_{i,0}} \\ \hat{\pi}_{0,5} = \dfrac{\lambda \hat{\pi}_{i-1,5}}{\lambda \hat{\pi}_{i-1,5} + \alpha_0 \gamma_2 \pi_{i,1}} \end{cases} \tag{6-28}$$

其中，$i=1,2,\cdots,N$。

证明 6.2

$$
\begin{aligned}
\Pi_{PM} &= \lim_{t\to\infty}\sum_{i=0}^{N}\left[\Pr\{PM\cap(L(t),S(t))=(i,3)\}\right.\\
&\quad \left.+\Pr\{PM\cap(L(t),S(t))=(i,5)\}\right]\\
&= \lim_{t\to\infty}\sum_{i=0}^{N}\left[\Pr\{PM\mid(L(t),S(t))=(i,5)\}\right.\\
&\quad \left.\times\Pr\{(L(t),S(t))=(i,5)\}\right]\\
&\quad +\lim_{t\to\infty}\sum_{i=0}^{N}\left[\Pr\{PM\mid(L(t),S(t))=(i,3)\}\right.\\
&\quad \left.\times\Pr\{(L(t),S(t))=(i,5)\}\right]\\
&= \lim_{t\to\infty}\sum_{i=0}^{N}\left[\pi_{i,3}\cdot\Pr\{PM\mid(L(t),S(t))=(i,5)\}\right.\\
&\quad \left.+\pi_{i,5}\times\Pr\{(L(t),S(t))=(i,5)\}\right]
\end{aligned}
\tag{6-29}
$$

对于 $i=0,1,\cdots,N$, $j=3,5$。

记：

$$
\hat{\pi}_{i,j}=\lim_{t\to\infty}\Pr\{PM\mid(L(t),S(t))=(i,j)\}
\tag{6-30}
$$

则有：

$$
\Pi_{PM}=\sum_{i=0}^{N}(\pi_{i,3}\times\hat{\pi}_{i,3}+\pi_{i,5}\times\hat{\pi}_{i,5})
\tag{6-31}
$$

根据图 6-3 所示状态转移流程图可知，到达状态 $(i,3)$ $(i=1,2,\cdots,N)$ 有两种途径：一种从状态（$i-1$, 3）到达；另一种从状态（i, 0）到达。所以，总的到达强度为 $\lambda\pi_{i-1,3}+\alpha_0\gamma_1\pi_{i,0}$。在总的到达强度中能够使设备进入计划性维护的强度为 $\lambda\hat{\pi}_{i-1,3}$。因此，对于 $i=1,2,\cdots,N$，有：

$$
\hat{\pi}_{i,3}=\lim_{t\to\infty}\Pr\{PM\mid(L(t),S(t))=(i,3)\}=\frac{\lambda\pi_{i-1,3}}{\lambda\pi_{i-1,3}+\alpha_0\gamma_1\pi_{i,0}}
\tag{6-32}
$$

$\hat{\pi}_{i,3}$则可通过这种迭代的方式计算出来。下面我们给出上述迭代的起始条件。基于同样的考虑，那么有：

$$\hat{\pi}_{0,3} = \frac{p_m \mu \pi_{1,0}}{p_m \mu \pi_{1,0} + \alpha_0 \gamma_1 \pi_{0,0}} \tag{6-33}$$

应用同样的方法，可以得到 $\hat{\pi}_{i,5}$。这里不再给出证明。

接下来推导 Π_{RM}。已知只有在状态 $S(t)=3$ 和状态 $S(t)=5$ 时，设备才会进入维护（包括计划性维护和被动性维护）状态。由于本章假定两种不同类型的维护不能够同时进行，即有：

$$\{PM\} \cap \{RM\} = \varnothing$$

$$\begin{aligned}\{PM\} \cup \{RM\} = & \cup_{i=0}^{N}[\{(L(t),S(t)) = (i,3)\} \\ & \cup \{(L(t),S(t)) = (i,5)\}]\end{aligned} \tag{6-34}$$

$$\begin{aligned}\{PM\} = & \cup_{i=0}^{N}[\{PM\} \cap \{(L(t),S(t)) = (i,3)\}] \\ & \cup_{i=0}^{N}[\{PM\} \cap \{(L(t),S(t)) = (i,5)\}]\end{aligned} \tag{6-35}$$

因此：

$$\begin{aligned}\Pi_{RM} = & \lim_{t \to +\infty} \Pr\{\bigcup_{i=0}^{N}[\{(L(t),S(t)) = (i,3)\} \\ & \cup \{(L(t),S(t)) = (i,3)\}]\} - \Pi_{PM} \\ = & \sum_{i=0}^{N}(\pi_{i,3} + \pi_{i,5}) - \sum_{i=0}^{N}(\pi_{i,3} \cdot \hat{\pi}_{i,3} + \pi_{i,5} \cdot \hat{\pi}_{i,5})\end{aligned} \tag{6-36}$$

证毕。

根据定理 6.2 可知，服务系统在稳定状态下由于计划性维护和被动性维护所造成的期望成本分别为：

$$\begin{aligned}& C_{PM} \cdot \sum_{i=0}^{N}(\pi_{i,3} \cdot \hat{\pi}_{i,3} + \pi_{i,5} \cdot \hat{\pi}_{i,5}) \\ & C_{RM} \cdot \sum_{i=0}^{N}(\pi_{i,3} - \pi_{i,3} \cdot \hat{\pi}_{i,3} + \pi_{i,5} - \pi_{i,5} \cdot \hat{\pi}_{i,5})\end{aligned} \tag{6-37}$$

4. 顾客等待成本

记 C_d 为单位时间上顾客等待成本。在整个排队系统中，期望队长为：

$$E[L] = \sum_{i=0}^{N}\sum_{j=0}^{5}\pi_{i,j} \tag{6-38}$$

则系统单位时间内由于顾客等待造成的成本为 $C_d E[L]$。

5. 顾客损失成本

记 C_{lost} 为单个顾客损失造成的成本。可推得单位时间上损失顾客的期望数量为：

$$\lambda_{lost} = \lambda\sum_{j=0}^{5}\pi_{N,j} \tag{6-39}$$

故单位时间内由于顾客损失造成的总成本为 $C_{lost}\lambda_{lost}$。

令 $E[C]$ 为服务系统在稳定状态下总的期望成本值，则有：

$$E[C] = C_0\sum_{i=0}^{N}\pi_{i,0} + C_1\sum_{i=0}^{N}\pi_{i,1} + C_{reset}\Pi_{reset} + C_{PM}\Pi_{PM} + C_{RM}\Pi_{RM} + C_d E_L + C_{lost}\lambda_{lost} \tag{6-40}$$

综上所述，整合模型的目标函数如下：

$$\begin{aligned} &\text{目标函数：} && \min E[C] \\ &\text{需满足条件：} && 0 \leqslant p_m \leqslant 1 \\ & && 0 \leqslant LCL \\ &\text{决策变量：} && p_m, LCL \end{aligned} \tag{6-41}$$

6.5 数值算例分析

6.5.1 数值特例

这一节我们通过具体的数值例子来验证 TBE 控制图—维护整合模型的有效性。表 6-2 给出了数值实验中各模型参数的初始设定值。

表 6-2 数值参数初始值设定列表

λ	μ	γ_1	γ_2	β	θ_{r0}	θ_{m0}	θ_{r1}	θ_{m1}
1	1.2	0.04	0.08	0.02	0.8	0.2	0.4	0.1

续表

C_0	C_1	C_{reset}	C_{RM}	C_{PM}	C_{lost}	C_d	N	
10	30	40	80	50	10	0.5	20	

在本章中，我们采用网格搜索法（grid search method），在给定条件限制下寻找目标函数最优的整合模型策略（p_m^*, LCL^*）。参照目标函数（6－41）中的限制条件，在算法搜索过程中，我们设定 p_m 从 0 跳转至 1 的步长为 0.02，α_0 从 0 跳转至 1 的步长为 0.02。如此则可通过网格搜索得到一个近似最优的维护策略，即（p_m^*, LCL^*）=（0.56,3.1958），相应的整合模型单位时间总成本最小值为 32.9392。

表 6－3 给出了寻优后整合模型各设计参数及关键统计量的取值。图 6－4（a）和图 6－4（b）则分别给出了计划性维护概率 p_m 和 TBE 控制图控制限 LCL 对于系统单位时间总成本值 $E[C]$ 的影响。容易发现，系统单位时间总成本 $E[C]$ 是关于 p_m 和控制限 LCL 的凸函数。

表 6－3　　整合模型的最优策略

设计参数	α_0^*	p_m^*	α_1^*	LCL	$E^*[L]$	$E^*[C]$
最优值	0.12	0.56	0.2256	3.1958	12.5978	32.9392

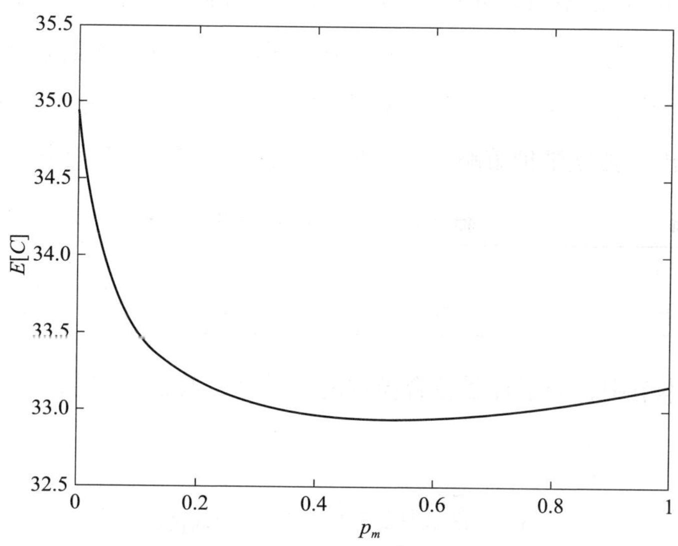

图 6－4（a）　p_m 对进程单位时间总成本 $E[C]$ 的影响

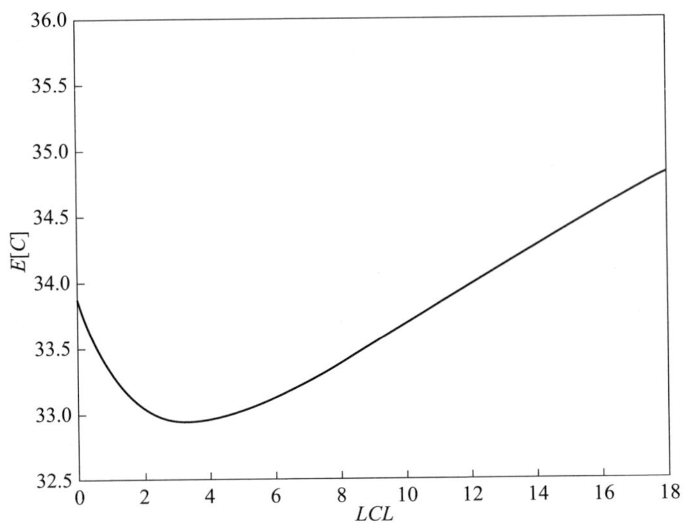

图 6－4（b） *LCL* 对进程单位时间总成本 *E*[*C*] 的影响

当 $LCL=0$ 或 $\alpha_0=\alpha_1=0$ 时，系统在运行的过程中控制图永远不会发出警报信号。如此，整合模型则简化为独立的维护模型。此时，在独立的维护模型中只存在计划性维护策略。简化后的独立维护策略模型中只需要对 p_m 进行优化选择。独立的维护策略模型的稳态分析和成本函数推导与整合模型的分析方法类似，这里不再赘述。给同表 6－2 中相同的数值参数初始值设定，采用网格搜索法可近似得到独立维护策略模型的最优策略为 $p_m^*=0.78$，相应的单位时间总成本为 33.8302。表 6－4 给出了独立维护策略模型的最优参数设计和关键统计量的值。

表 6－4　独立维护模型的最优策略

设计参数	$\hat{p}_m^*$	$\tilde{E}^*[L]$	$\tilde{E}^*[C]$
最优值	0.78	11.0184	33.8302

在本节中，为了评估整合模型的有效性，我们定义如下的改进指标量：

$$\Delta=\frac{\tilde{E}^*[C]-E^*[C]}{\tilde{E}^*[C]}\times 100\% \qquad (6-42)$$

在上述给定的数值优化环境下，参照对应的数值结果可计算得 $\Delta=2.63\%$。这表明相较于独立的维护策略模型，整合模型能够带来 2.63% 的成本节约。

6.5.2 整合模型的鲁棒性分析

在上一节给出的数值例子中，我们采用网格搜索方法寻得整合模型的最优策略为 $(p_m^*, LCL^*)=(0.56, 3.1958)$。这一节我们在此基础上分析整合模型设计参数的变动对于稳态下整合模型单位时间总成本 $E[C]$ 的影响。在上述给定最优策略不变的条件下，保持其他参数设定值不变，变动关键几个设计变量的值，表 6－5 给出了模型稳定状态下单位时间总成本 $E[C]$ 的变化结果。

表 6－5 设计参数不同水平取值下单位时间总成本的浮动比例

参数	Level 1	Level 2	Level 3	单位时间总成本 $E(C)$			
				Level 1	Level 2	Level 3	*Range*（%）
λ	1.00	1.10	1.20	32.9392	34.5781	36.2519	10.06
μ	1.20	1.32	1.44	32.9392	31.7149	30.9639	5.997
β	0.020	0.022	0.024	32.9392	33.5430	34.0844	3.48
γ_1	0.040	0.044	0.048	32.9392	33.1115	33.2670	0.995
γ_2	0.080	0.088	0.096	32.9392	33.0303	33.0898	0.46
θ_{r0}	0.80	0.88	0.96	32.9392	32.8956	32.8597	0.24
θ_{m0}	0.20	0.22	0.24	32.9392	32.7367	32.5540	1.17
θ_{r1}	0.40	0.44	0.48	32.9392	32.7724	32.6146	0.99
θ_{m1}	0.10	0.11	0.12	32.9392	32.4553	32.0304	2.76
C_0	10	11	12	32.9392	33.4061	33.8568	2.79
C_1	30	33	36	32.9392	33.7817	34.5453	4.88
C_{reset}	40	44	48	32.9392	33.2012	33.4526	1.56
C_{RM}	80	88	96	32.9392	33.4085	33.7213	2.37
C_{PM}	50	55	60	32.9392	33.4176	33.8829	2.86

续表

参数	Level 1	Level 2	Level 3	单位时间总成本 $E(C)$			
				Level 1	Level 2	Level 3	*Range* (%)
C_{lost}	10	11	12	32.9392	33.0289	33.1187	0.54
C_d	0.50	0.55	0.60	32.9392	33.4868	34.0343	3.32
N	20	22	24	32.9392	33.4147	33.8953	2.90

在表6-5中，我们将上一节数值算例中选择和优化得到的各设计参数值作为Level 1中的取值，Level 2和Level 3分别表示各设计参数在Level 1中取值的基础上增大10%和20%。另外，定义$E[C]$的浮动指标如下：

$$Rang(\%)=\frac{\max(\text{Level 1},\text{Level 2},\text{Level 3})-\min(\text{Level 1},\text{Level 2},\text{Level 3})}{\text{Level 1}}\times 100\% \quad (6-43)$$

$Range(\%)$表示在三种不同水平的参数设定值下$E[C]$的最大浮动范围。

基于表6-5的数值结果我们发现，当模型设计参数在不同水平值上下浮动时，整合模型在稳定状态下单位时间总成本$E[C]$的变化范围较小。这表明上述获得的最优维护策略对于系统参数的变动具有一定的鲁棒性。然而，我们同时也发现最优维护策略对于几个设计参数的变动相对敏感，它们分别是顾客到达强度（λ）以及服务台服务强度（μ）。这意味着在实际操作中，这些设计参数的取值需要被更加精确地估计。

6.5.3 参数设计对最优策略的影响

上一节给出了系统参数设计对于系统单位时间成本的影响，这一节我们考虑一些重要的集成模型设计参数的变化对于最优维护策略(p_m^*,LCL^*)的影响，同时也给出了这些设计参数对于改进指标量Δ

的影响结果。表 6－6 列出了各设计参数在不同取值情况下，整合模型和独立的维护策略模型的最优策略及改进指标量的值。

表 6－6　　数值结果及单位时间总成本改进比例

参数	设定值	TBE 控制图—维护模型			独立维护模型			Δ
		(p_m^*, LCL^*)	$E^*[L]$	$E^*[C]$	$\hat{p}_m^*$	$\widetilde{E}^*[L]$	$\widetilde{E}^*[C]$	
λ	0.8	(0.54, 0)	8.9710	30.4464	0.53	7.1940	30.4453	0%
	1.0	(0.56, 3.1958)	12.5978	32.9392	0.78	11.0184	33.8302	2.63%
	1.2	(0.56, 6.2115)	15.5071	36.2519	0.99	14.8496	39.5585	8.35%
	1.4	(0.60, 6.8609)	17.2361	39.2612	0.99	16.9917	43.7757	10.31%
	1.6	(0.70, 7.1921)	18.1441	41.8004	0.99	18.0055	46.5899	10.28%
μ	0.72	(0.92, 7.5276)	18.4216	39.8687	0.99	18.2866	44.7896	10.99%
	0.96	(0.62, 6.8609)	16.1591	36.5454	0.99	15.6195	40.6106	10.01%
	1.20	(0.56, 3.1958)	12.5978	32.9392	0.78	11.0184	33.8302	2.63%
	1.32	(0.56, 1.0205)	11.0710	31.7149	0.59	9.3247	31.7706	0.18%
	1.68	(0.40, 0)	8.4044	31.2676	0.39	7.1306	31.2676	0%
C_0	6	(0.52, 4.9613)	12.5978	30.9851	0.85	11.0184	32.6991	5.24%
	8	(0.56, 3.7706)	12.5978	31.9795	0.83	11.0184	33.2661	3.87%
	10	(0.56, 3.1958)	12.5978	32.9392	0.78	11.0184	33.8302	2.63%
	12	(0.54, 2.6340)	12.5978	33.8568	0.74	11.0184	34.3927	1.56%
	14	(0.58, 1.5469)	12.5978	34.7132	0.71	11.0184	34.9529	0.69%
C_1	18	(0.48, 0)	12.5978	27.7696	0.47	11.0184	27.7696	0%
	24	(0.60, 0.5051)	12.5978	30.7988	0.63	11.0184	30.8232	0.08%
	30	(0.56, 3.1958)	12.5978	32.9392	0.78	11.0184	33.8302	2.63%
	36	(0.58, 5.5786)	12.5978	34.5453	0.94	11.0184	36.7936	6.11%
	42	(0.62, 7.5276)	12.5978	35.9121	0.99	11.0184	39.7181	9.59%
C_{reset}	24	(0.56, 1.5469)	12.5978	31.7343	0.68	11.0184	31.9952	0.82%
	32	(0.54, 2.6340)	12.5978	32.3709	0.73	11.0184	32.9147	1.65%
	40	(0.56, 3.1958)	12.5978	32.9392	0.78	33.8302	33.8302	2.63%
	48	(0.56, 4.3588)	12.5978	33.4526	0.83	11.0184	34.7421	3.71%
	56	(0.58, 4.9613)	12.5978	33.9193	0.85	11.0184	35.6504	4.86%

续表

参数	设定值	TBE 控制图—维护模型			独立维护模型			Δ
		(p_m^*, LCL^*)	$E^*[L]$	$E^*[C]$	$\hat{p}_m^*$	$\tilde{E}^*[L]$	$\tilde{E}^*[C]$	
C_{RM}	48	(0，13.6182)	12.5978	29.5796	0.78	11.0184	33.8302	12.56%
	64	(0.44，6.8609)	12.5978	31.5909	0.78	11.0184	33.8302	6.62%
	80	(0.56，3.1958)	12.5978	32.9392	0.78	33.8302	33.8302	2.63%
	96	(0.66，1.0205)	12.5978	33.7213	0.78	11.0184	33.8302	0.32%
	112	(0.78，0)	12.5978	33.8302	0.78	11.0184	33.8302	0%
C_{PM}	30	(0.84，2.6340)	12.5978	30.9444	0.99	11.0184	31.6173	2.13%
	40	(0.68，3.1958)	12.5978	31.9627	0.97	11.0184	32.7442	2.39%
	50	(0.56，3.1958)	12.5978	32.9392	0.78	33.8302	33.8302	2.63%
	55	(0.48，3.7706)	12.5978	33.4176	0.71	11.0184	34.3575	2.74%
	60	(0.44，3.7706)	12.5978	33.8829	0.66	11.0184	34.8775	2.85%
C_{lost}	6	(0.54，3.4816)	12.5978	32.5785	0.78	11.0184	33.5345	2.85%
	8	(0.56，3.3383)	12.5978	32.7596	0.78	11.0184	33.6823	2.74%
	10	(0.56，3.1958)	12.5978	32.9392	0.78	33.8302	33.8302	2.63%
	12	(0.54，3.1958)	12.5978	33.1187	0.77	11.0184	33.9780	2.53%
	14	(0.54，3.1958)	12.5978	33.2981	0.77	11.0184	34.1258	2.43%
C_d	0.30	(0.57，3.4816)	12.5978	33.7479	0.83	11.0184	31.6453	2.84%
	0.40	(0.56，3.3383)	12.5978	31.8435	0.78	11.0184	32.7383	2.73%
	0.50	(0.56，3.1958)	12.5978	32.9392	0.78	33.8302	33.8302	2.63%
	0.60	(0.535，3.1958)	12.5978	34.0343	0.76	11.0184	34.9217	2.54%
	0.70	(0.53，3.1958)	12.5978	35.1294	0.74	11.0184	36.0126	2.45%
N	12	(0.66，0)	7.5950	30.9443	0.66	6.9646	30.9443	0%
	16	(0.60，2.0845)	10.0538	31.9900	0.74	8.9980	32.3118	1.00%
	20	(0.56，3.1958)	12.5978	32.9392	0.78	11.0184	33.8302	2.63%
	24	(0.54，3.7706)	15.2396	33.8953	0.78	13.0344	35.2958	3.97%
	28	(0.52，4.3588)	17.9811	34.8740	0.77	15.0449	36.6738	4.91%

通过分析表 6－6 中获得的实验结果，我们可以得到以下三点结论和启示。

1. 顾客到达强度 λ 对最优策略的影响

依据表 6－6 中的结果，如图 6－5 所示，展示了顾客到达强度 λ 对于最优策略（p_m^*，LCL^*）的影响。观察发现，当 λ 取值充分小或足够大时，随着 λ 取值的增大，LCL^* 和 p_m^* 的值也在增大。这是因为随着 λ 值的增大，服务系统会变得更加拥挤，最优策略倾向于通过提高执行被动性维护的频率来避免频繁的设备重启，从而降低系统总成本。频繁的设备重启不但会降低设备的可用性，同时也会导致顾客等待成本的上升，尤其当系统变得愈加拥塞的时候，这种情况更为显著。当 λ 取值充分小或足够大时，随着 λ 值的增大，p_m^* 的值也在增大。这是因为当 λ 的值相对较小的时候，随着 λ 值的增大，λ 和 μ 之间的差距越来越小，此时设备越来越难以进入空闲状态；反之，当 λ 值相对较大时，随着 λ 值的增大，λ 和 μ 之间的差别越来越大，这种情况同样会使得设备越来越难以进入到空闲状态。在这种情况下，为了减少设备处于不健康运行状态的时间，同时减小发生故障的强度，服务系统会选择增大执行计划性维护的强度。

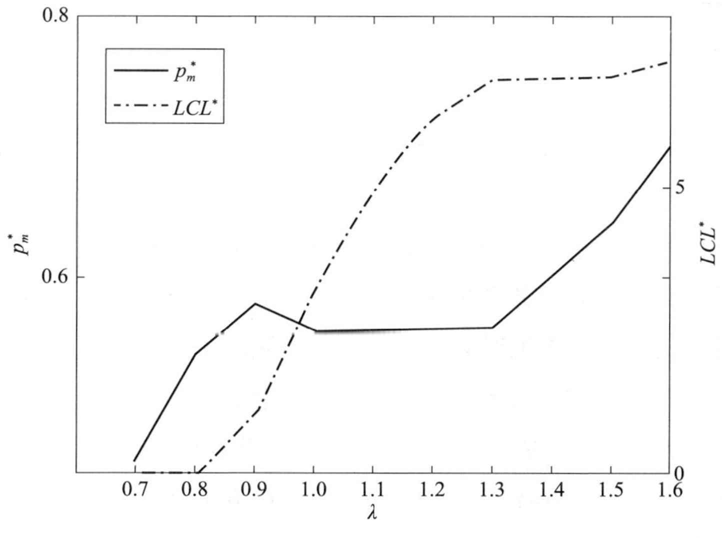

图 6－5　λ 对最优策略（p_m^*，LCL^*）的影响

2. 各成本参数对最优策略的影响

图6－6（a）~图6－6（g）给出了各成本参数对于最优策略的影响。根据图6－6（a）观察发现，当服务设备在健康状态（状态0）下单位运行成本 C_0 值逐渐增大时，最优的TBE控制限 LCL^* 值在逐渐减小。LCL^* 值的减小意味着TBE控制图的检测能力逐渐弱化。换而言之，当 C_0 值逐渐增大时，控制图越来越难以发出警报信号。

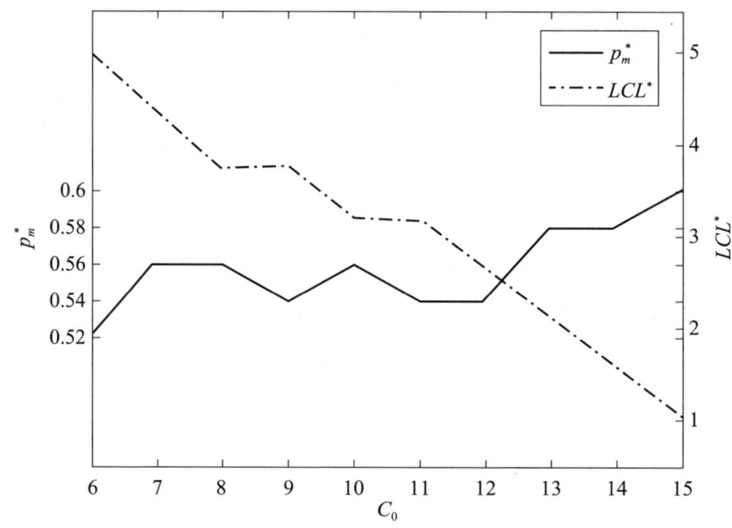

图6－6（a） 成本 C_0 对最优策略（p_m^*，LCL^*）的影响

相反地，根据图6－6（b）可知，随着服务设备在不健康状态（状态1）下单位运行成本 C_1 值的增大，LCL^* 的值也在逐渐增大。这意味着随着 C_1 值的增大，控制图的监测能力逐渐增强，控制图发出警报信号的条件减弱。很显然，这是符合实际情况的。因为当 C_1 取值增大时，意味着服务系统在不健康状态下运行成本增大，为了减少服务系统处于该状态的时间，TBE控制图倾向于增强检测能力，从而能更加快速地检测出服务系统所处的不健康状态。

对于被动性维护成本 C_{RM} 和计划性维护成本 C_{PM} 来说，它们同样以不同的方式对维护策略产生影响。根据图6－6（c）可知，当 C_{RM} 值增大时，最优的计划性维护频率 p_m^* 取值增大，LCL^* 值减小。直观上出现

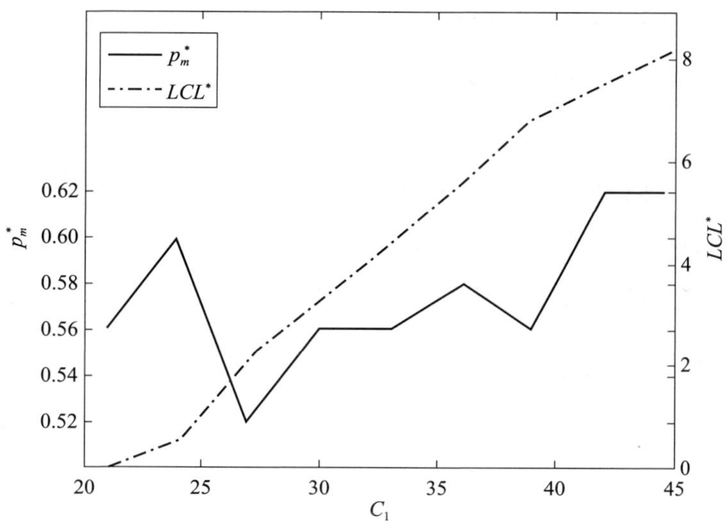

图 6－6（b）　成本 C_1 对最优策略（p_m^*，LCL^*）的影响

这种现象的考虑是，当被动性维护的成本增大时，最优策略倾向于更多地依赖于计划性维护而不是被动性维护。而由于被动性维护成本 C_{RM} 的增大，为了避免服务系统总成本的增大，TBE 控制图倾向于减小 LCL^* 的值，弱化控制图的检出能力，从而降低执行被动性维护的频率。

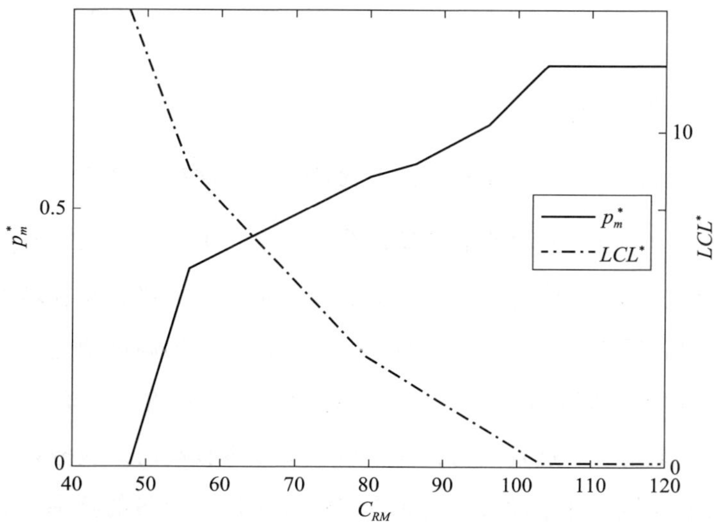

图 6－6（c）　成本 C_{RM} 对最优策略（p_m^*，LCL^*）的影响

根据图6－6（d）可知，当计划性维护成本 C_{PM} 增大时，最优计划性维护频率 p_m^* 值逐渐减小，LCL^* 值逐渐增大。即当计划性维护成本上升时，系统选择避免过多地执行计划性维护，从而导致了 p_m^* 取值的下降。但为了检出服务系统的不健康状态，系统选择增强被动性维护执行频率，即使 TBE 控制图 LCL^* 的取值增大。这种结果表明被动性维护和计划性维护之间具有一定的互补效应，即当计划性维护的成本增大时，系统倾向于更多地依赖被动性维护而不是计划性维护。

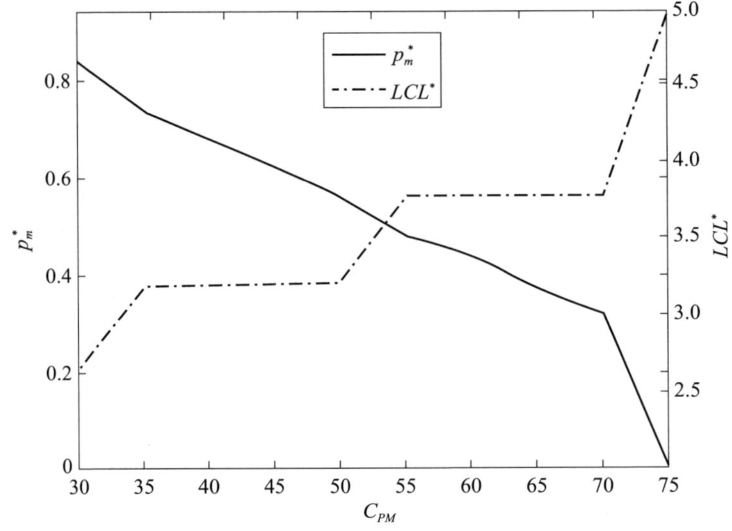

图6－6（d）　成本 C_{PM} 对最优策略（p_m^*，LCL^*）的影响

图6－6（e）展示了重启服务设备产生的单位时间成本 C_{reset} 对最优策略的影响。依图可知，当 C_{reset} 值增大时，LCL^* 的值也在增大。这表明当设备重启成本增大时，服务系统通过选择提高被动性维护的强度从而减少设备重启的发生强度。总的来看，随着 C_{reset} 值增大，p_m^* 取值在逐渐增大。这是因为，在重启设备成本较高时，服务系统会选择通过增大执行计划性维护的频率降低设备出现故障的频率，从而避免设备因出现故障而频繁重启。

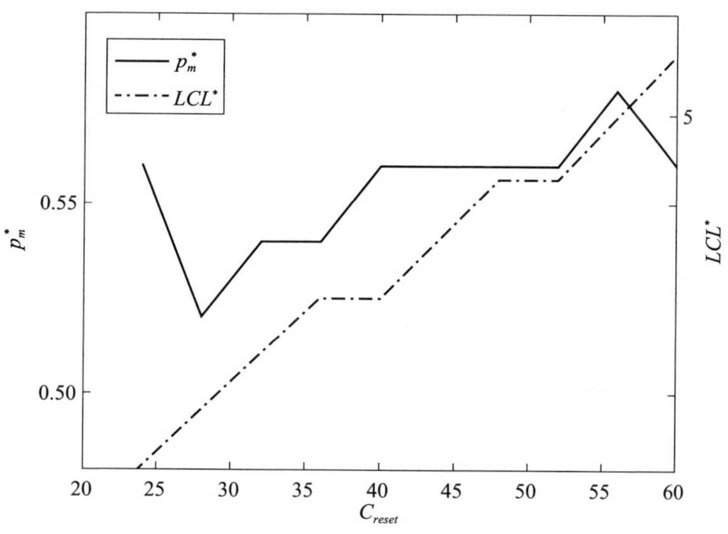

图 6－6（e）　成本 C_{reset} 对最优策略（p_m^*，LCL^*）的影响

两个与顾客直接相关的成本，顾客单位时间等待成本 C_d 和服务器满员时单个顾客损失成本 C_{lost} 也在以不同的方式影响最优策略。由图 6－6（f）可知，当顾客等待成本 C_d 值增大时，p_m^* 和 LCL^* 的值都在减小，即当单个顾客的等待成本增大时，计划性维护和被动性维护的执行强度都会下降。这是因为，当顾客等待成本增大时，系统会通过降低计划性维护和被动性维护的频率使服务系统避免因为处于维护状态而使顾客处于等待状态，从而避免了服务系统运行总成本的增大。相较而言，通过图 6－6（g）可知，当顾客损失成本 C_{lost} 值增大时，LCL^* 的值在减小。这表明当失去顾客的成本增大时，系统会选择降低被动性维护的执行频率来提高系统处于服务状态的时间，从而避免因为服务器满员带来的顾客损失。总的来看，当 C_{lost} 值增大时，p_m^* 的值也在减小。造成这种现象的原因同上，这里不再赘述。

3. 缓冲区容量 N 对最优策略（p_m^*，LCL^*）的影响

图 6－7 展示了缓冲区容量 N 对于最优策略（p_m^*，LCL^*）的影响。我们发现，随着 N 值的增大，p_m^* 的值逐渐减小，而 LCL^* 的值逐渐增

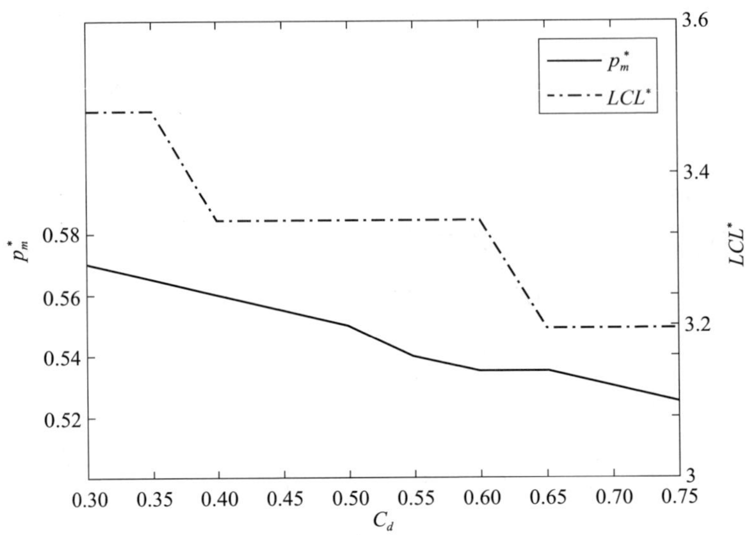

图 6－6（f） 成本 C_d 对最优策略（p_m^*，LCL^*）的影响

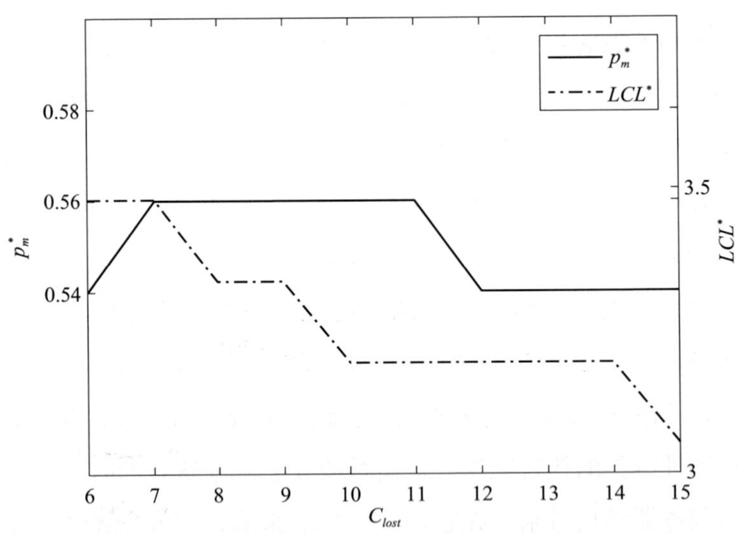

图 6－6（g） 成本 C_{lost} 对最优策略（p_m^*，LCL^*）的影响

大。此时计划性维护频率会下降而被动性维护频率会上升。这是因为当 N 值增大时，服务系统中等待接受服务的顾客数量也会相应地增加，这将使系统进入空闲状态的频率下降。此时，当设备发生故障时，系统会更加依赖被动性维护。因此，LCL^* 值会增大。尽管如此，这里难以解释 p_m^* 值的变化情况。一个可能的原因是，由于计划性维护和被动性维护之间具有互补效应，因此当被动性维护的使用频率增大时，计划性维护的使用频率就会降低。同时，当 N 的值超过某个阈值时，即系统难以进入满员的状态时，随着 N 值的增大，这时缓冲区容量 N 不再对服务系统造成更多的影响。

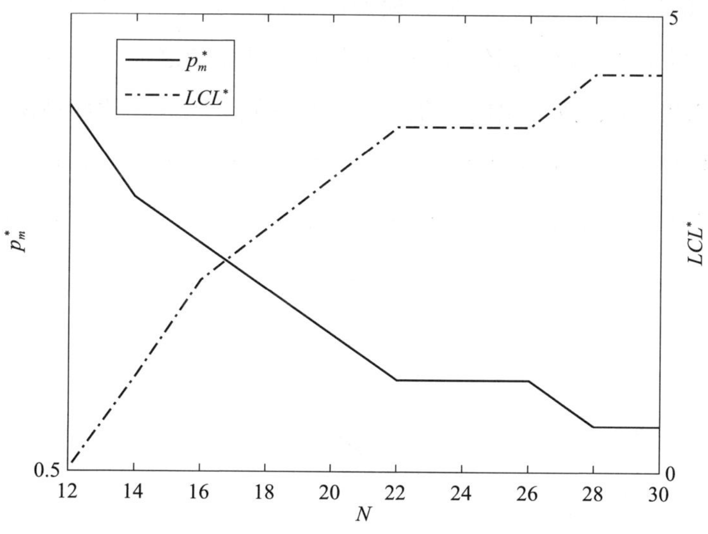

图 6－7　缓冲区容量 N 对最优策略（p_m^*, LCL^*）的影响

6.6　参数设计对于改进指标的影响

上一节我们讨论了参数设计对于整合模型最优策略的影响，这一节我们给出参数设计对于改进指标量的影响。通过分析数值实验结果，我们归纳了以下六点重要结论。

（1）当系统参数取不同水平值时，绝大部分情况下整合模型要优于独立的维护管理模型。这表明在维护管理中引入 TBE 控制图对于服务系统而言有正面的积极意义。

（2）图6-8（a）和图6-8（b）分别展示了顾客到达强度λ和设备服务强度μ对改进指标量Δ的影响。从图6-8（a）中可以发现，在λ的值到达阈值之前，随着λ值的增大，改进比例Δ逐渐提高。从图6-8（b）可以看出，当顾客到达强度μ的值超过阈值时，随着μ值的增加，改进比例Δ逐渐降低。这表明，对于一个较为繁忙或拥塞的排队系统而言，整合模型的表现更加突出，改进比例越大。然而，当λ的值超过阈值或当μ的值在到达阈值之前，随着λ的增大或μ值的减小，改进比例逐渐降低。这可能是因为在这些情况下，系统缓冲区满员的概率增加，当系统承载量已满时，队长也就不再增加，此时系统选择避免过多的被动性维护进而避免系统总成本的增加。

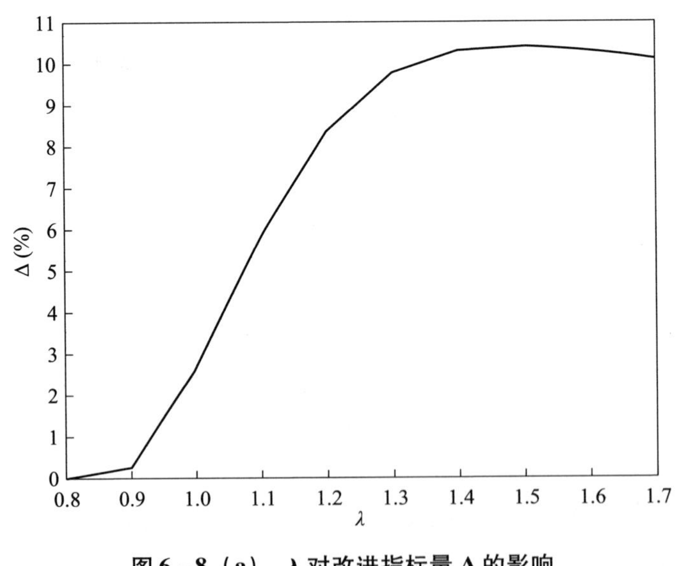

图6-8（a） λ对改进指标量Δ的影响

（3）图6-9（a）和图6-9（b）分别展示了设备处于健康状态（状态0）和不健康状态（状态1）时，单位运作成本对改进指标量Δ的影响。从两图中可以得出，当C_0减小或C_1增大时，改进比例在逐

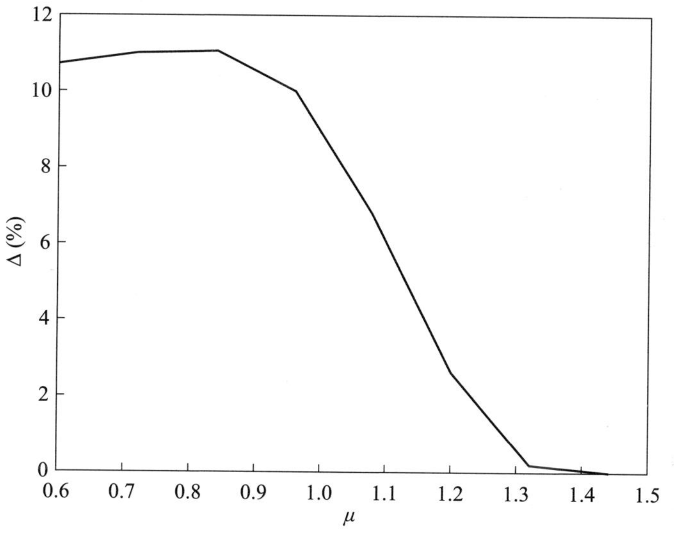

图 6－8（b）　μ 对改进指标量 Δ 的影响

渐提高。这是因为在这些情况中，为了使系统能够尽快地从不健康的运行状态恢复到健康的运行状态，降低系统的运行成本，TBE 控制图会愈加频繁地发出警报信号从而触发被动性维护。

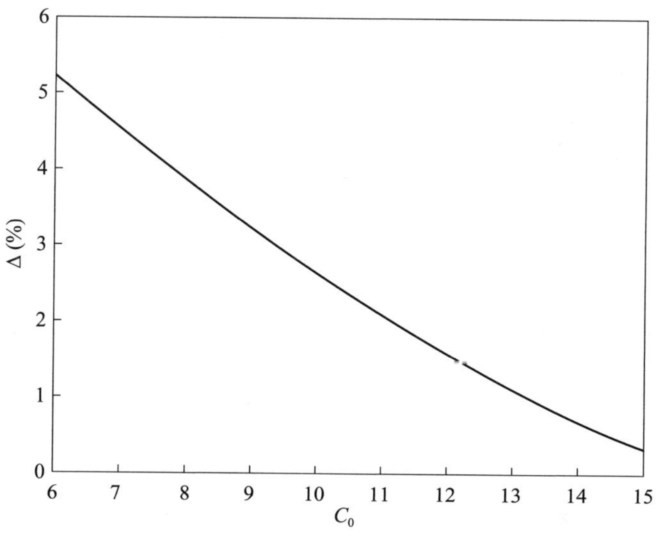

图 6－9（a）　成本 C_0 对改进指标量 Δ 的影响

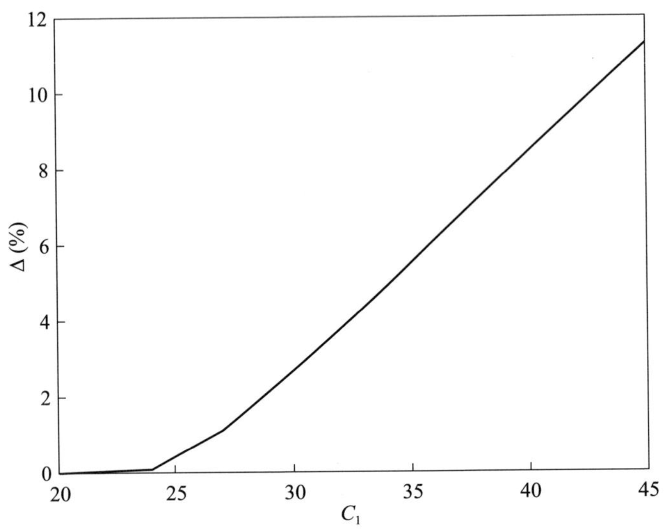

图 6-9（b） 成本 C_1 对改进指标量 Δ 的影响

（4）图 6-10（a）、图 6-10（b）和图 6-10（c）分别展示了被动性维护成本 C_{RM}、计划性维护成本 C_{PM}和重启设备产生的成本 C_{reset}对于改进比例 Δ 的影响。从图中可以总结得到：当 C_{RM}增大或

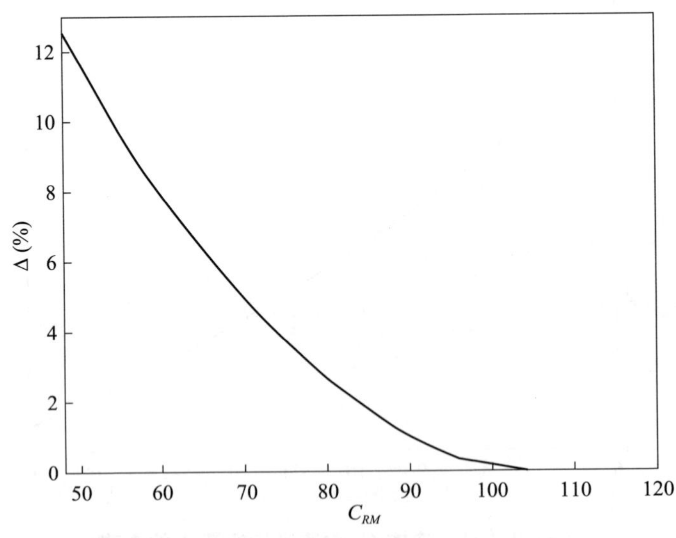

图 6-10（a） 成本 C_{RM}对改进指标量 Δ 的影响

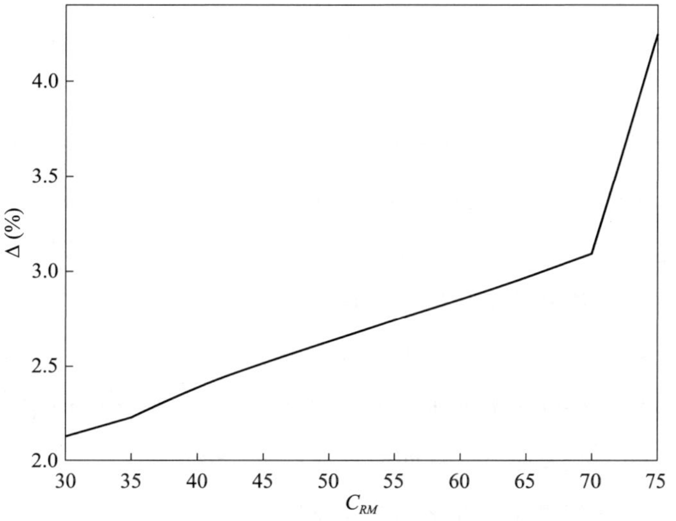

图 6－10（b）　成本 C_{PM} 对改进指标量 Δ 的影响

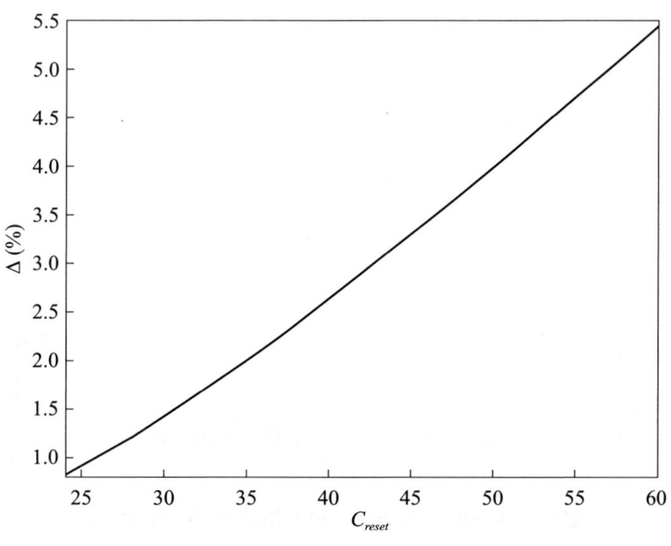

图 6－10（c）　成本 C_{reset} 对改进指标量 Δ 的影响

C_{PM}减小时，改进比例在逐渐降低。随着设备重启的单位成本 C_{reset}的增大，改进比例 Δ 也在逐渐提高。这是因为，当进程发生故障时，TBE 控制图发出警报信号从而触发被动性维护，从而降低设备发生故障的强度，如此则可以减少发生设备重启的概率，同时也降低系统进入空闲状态的概率，这样执行计划性维护的概率也相应降低。

（5）图6－11（a）和图6－11（b）分别展示了顾客等待时间成本C_d和损失顾客造成的成本C_{lost}对改进指标量Δ的影响。从图中可以直观地发现，当C_d或C_{lost}值增大时，改进比例在逐渐降低。在系统稳定状态下，整合模型队长一般要大于独立维护策略模型的队长。这表明在这些情况下，采用TBE控制图会为了降低维护成本和系统运行成本牺牲掉部分顾客损失所带来的成本。TBE控制图的使用平衡了不同成本之间的配置比例，从而使系统总成本最小化。即当C_d或C_{lost}值增大时，整合模型的改进比例在逐渐降低。

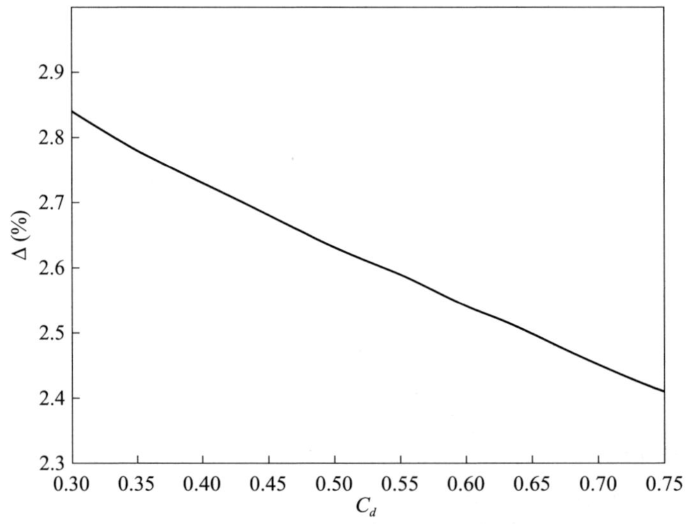

图6－11（a） 成本C_d对改进指标量Δ的影响

（6）图6－12展示了缓冲区容量N对改进指标量Δ的影响。当系统缓冲区容量N增大时，改进比例在逐渐提高。这表明当服务系统拥有较大的缓冲区时，使用TBE控制图工具所带来的模型成本节约的效果也会更加明显。

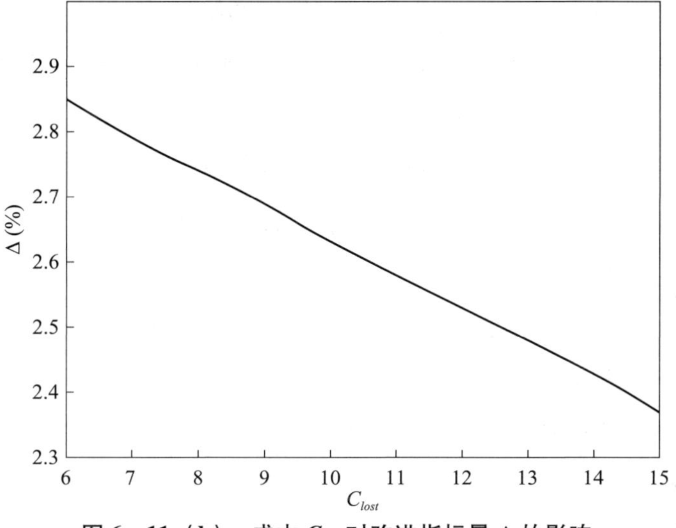

图 6－11（b）　成本 C_{lost} 对改进指标量 Δ 的影响

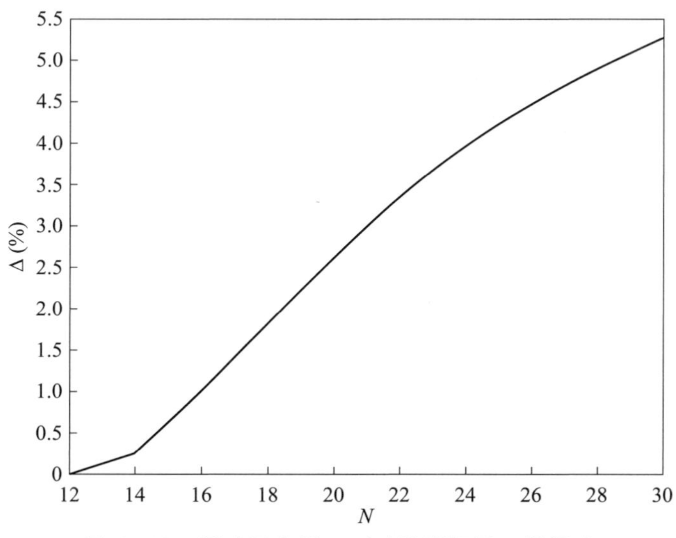

图 6－12　缓冲区容量 N 对改进指标量 Δ 的影响

6.7　本章小结

本章首先给出了 TBE 控制图的简单介绍，然后在所考虑的 M/M/

1 排队系统中提出了一个基于 TBE 控制图的维护策略整合模型。在整合模型中，设备故障间隔时间通过 TBE 控制图实时监控，并根据控制图发出信号判断在设备故障发生时是否需要对设备执行被动性维护。具体地，当两故障间时间间隔小于控制图控制限时，控制图发出警报信号，对设备执行一次被动性维护；若设备故障发生，控制图没有给出警报信号，则重启设备。当系统进入空闲状态时有一定的概率对设备执行计划性维护。最后，我们通过最小化模型单位时间总成本优化，选择最优的控制图控制限和执行维护的最佳策略。

本章通过数值实验分析整合模型的有效性发现，整合模型对于模型设计参数的变动具有一定的鲁棒性；同时实验结果表明，由 TBE 控制图信号所触发的被动性维护和计划性维护之间具有一定的互补效应；相较于没有考虑 TBE 控制图的独立维护模型，整合模型总是能够带来成本上的节约，而且对于愈加繁忙/拥塞的服务系统，整合模型带来的成本节约比例也越大。本章所建立的整合模型为服务行业提供了一种可行且易于操作的基于设备状态的维护方法。

第 7 章　伯努利扫描统计量控制图与医疗服务设备维护管理的联合设计研究

7.1　引言

上一章我们利用 TBE 控制图监控服务设施故障间隔时间，并根据控制图所发出的“信号”动态地调整设备维护策略，从而在服务业环境下建立起控制图设计与维护管理的集成模型。在服务业中，尤其在医疗服务过程中，除了监测设备故障间隔时间，通过检测服务进程的“二进制”产出结果数据判断服务当前所处的状态也是十分常见的。一般的医疗服务过程中的二进制数据，如 1 代表手术失败，0 代表手术成功。在这一章中，在医疗服务环境下，我们通过建立起一类伯努利扫描统计量控制图来监控手术或医疗诊断设备的二进制产出结果。同样地，我们建立起控制图与维护管理的集成模型，利用控制图信号动态调节医疗服务设施的维护策略。

在公共健康服务和医疗设施服务中，医护人员常常通过监测医疗事故出现的伯努利率（Bernoulli rates）来了解服务当前所处的环境。医疗服务中所谓的事故通常是指医护人员所关注的不良结果的出现，如发现一次婴儿先天畸形或一次手术死亡事件等。医疗服务中常见的伯努利率，比如癌症发病率、幼儿先天畸形率、手术失败率以及某种手术后的死亡率等。在现实生活中，如果发现某种医疗事故发生强度增大，表明这种疾病或手术对公众可能造成的危险也越大。所以，监测医疗进程中某些事故发生强度的变化就显得十分重要（Ismail et al.，2003）。

那么如何通过检测医疗服务中事故出现的伯努利率来了解事故发生强度的变化呢？在医疗服务中，疾病的诊断通常因不同的患者个体依次独立重复进行，医院在每一次诊断治疗（可以理解为实验的重复）后，可获得一次关于这次诊断或手术的结果信息。这些结果通常定义如下：在第 i 次重复后，检测得到结果 Y_i，如果检测结果是一次事故，则记 $Y_i=1$；否则，记 $Y_i=0$。若记 p 为事故发生的概率，当医疗进程处于受控（正常/健康）状态时，假定 p 是一个常量 p_0；而当服务进程由于发生可归因因素的出现而处于失控（异常/不健康）状态时，事故发生强度增大，事故发生强度由 p_0 偏移至 $p_1(p_1 > p_0)$。在研究当中，一般假定事故发生强度一旦发生偏移，那么这种偏移是持续性的、稳定的。最近有学者尝试使用控制图工具来检测医疗环境下事故发生强度的变化。当医疗进程处于失控状态时，控制图会快速地检测到进程的偏移并发出警报信号，从而能够尽快地发现并报告医疗事故发生强度增大的这一情况。

质量控制图是在工业领域产生的，在工业及其他行业中的应用也已十分成功。近期，现代质量控制的理念也逐渐被引入医疗卫生服务行业，如在评价控制诊疗预约时间、诊疗过程等待时间、急救服务应急时间领域中 $\overline{X}-S$ 和 R 控制图的使用；小概率（发生概率小于5%）不良事件（手术部位错误）c/u 控制图的使用；以及在一些常见的医疗安全不良事件（误诊、并发症、收费失误等）中 p/np 控制图的使用等（Montgomery，2007；Mohammed，2004）。德・莱瓦尔等（De Leval et al.，1994）和施泰纳等（Steiner et al.，1999）是最早研究控制图在医疗中应用的一批人，他们率先尝试使用控制图工具检测儿科心脏手术结果数据，利用控制图“信号”动态反映手术的表现情况。最近，赖安和伍德尔（Ryan & Woodall，2004）以及哈特（Hart，2002）等对控制图在医疗上的应用做了很好的综述研究。

控制图种类多样，一般的控制图在医疗环境下通常不能适用。那么，为了尽快地检测医疗事故强度的变化，该如何设计一张质量控制图来监控医疗服务进程呢？在医疗服务进程中，若想要检测事故强度是否增大，通过建立扫描统计量是一种常用的方法。扫描统计量是一种在医疗服务领域应用广泛的统计学方法，它通常用于检测局部时间上事故发生强度的增加，并判定事故发生强度的增加是否由异常因素引起。其基本思想是：假定一个可以在时间或者空间上移动的扫描窗口，窗口的长度和所处的位置处于动态变化之中。对于每一个扫描窗口，根据所关注事件的理论值和窗口内显示的实际值构造检验统计量。伊斯梅尔等（Ismail et al.，2003）曾据此设计了一张伯努利扫描统计量控制图，此图能够很好地检测医疗服务中事故发生强度的变化。

在本章中，我们假定医疗服务的提供是由医疗设施完成的。在保证服务设备稳定性中，维护管理也是一种常用的手段。质量控制图设计与维护管理，两者关系紧密、相辅相成（Pandey et al.，2010；McKone et al.，2001）。在实践中，服务过程的异常多数是由于设备原因造成的，因此可以利用控制图所提供出的过程信息反映设备的实时状态，从而实现设备的动态维护管理。而伊斯梅尔等（2003）设计的模型只关注了控制图自身的设计。在本章中，我们将伯努利扫描统计量控制图与维护管理相结合构造了一个控制图—维护集成模型。

另外，在文献研究中，一般将监测事故强度是否发生改变的方法分成两类，回顾性监测（retrospectively surveillance）和前瞻性监测（prospectively surveillance）。回顾性监测是指从历史结果数据中抽取出一串数据序列，根据序列信息判断在过去的某一时间段内事故强度是否增大，此时数据集是固定的、静态的。前瞻性监测则是采用当前最新的检测结果信息，当事故发生强度增大这一变化发生时，其能够尽快地检测到这一变化。对比来看，前瞻性监测比回顾性监测更为复杂，处理难度更大。学者们往往习惯关注回顾性监测而忽视前瞻性监测的重要作用（Joner et al.，2008）。近期，法林顿和比尔（Farrington & Beale，1998）及索内松和博克（Sonesson & Bock，2003）等学者给出了这两种监测方法在医疗应用中的综述研究。显然地，在医疗服务监测中前瞻性监测的重要性不言而喻。故在本章中，我们采用前瞻性检测方法检测医疗设备事故发生强度的变化。

本章安排如下：首先，给出伯努利扫描统计量控制图的介绍；其次，建立一个伯努利扫描统计量控制图与维护管理的整合模型，并给出模型的稳态分析；最后，通过数值分析观察系统设计参数的变动对于整合模型的影响。

7.2　伯努利扫描统计量控制图

扫描统计量的概念是由瑙斯（Naus，1965）在1965年首次提出。扫描统计量是用事先选定的时间区间扫描整个观察期所得到的事件发生数，进而检验这种事件的增加是否由异常因素造成。若记 $m(m>0)$ 为扫描窗口的长度，$k(k>0)$ 为控制图控制限。则可构建一张伯努利扫描统计量控制图如下：在第 i 次手术或诊断后，根据本次结果信息计算统计量 S_i（Glaz et al.，2001）如下：

$$S_i = \sum_{j=\max(1,i-m+1)}^{i} Y_j \qquad (7-1)$$

其中，$Y_j=1$ 表示有事故发生，$Y_j=0$ 表示没有事故发生。

当 $S_i \geqslant k$ 时，表明事故发生强度增大，服务进程处于失控状态，控制图立即发出警报信号，质量管理人员寻找并消除使得事故发生强度增大的可归因因素；当 $S_i < k$ 时，表明服务进程仍处于受控状态，检测继续进行。一般假定 $m \geqslant k \geqslant 2$，这是因为当 $k = 1$ 时，无论 m 为何值，控制图在一次事故出现时就发出警报信号，这样的控制图在现实当中似乎并不适用。一方面，保持 m 的值不变，当 k 取值增大时，事故的发生需要更加频繁才能使控制图发出警报信号，此时控制图发生第一类错误的概率降低，即事故强度没有发生改变时，控制图发出虚假信号的概率降低；另一方面，保持 k 的值不变，增大 m 的取值，此时无论事件强度是否发生改变，控制图都更容易发出警报信号。

在这一节中我们简要介绍了如何构造一张伯努利扫描通计量控制图。在下一节中我们尝试将伯努利扫描统计量控制图应用在一个 M/M/1 的医疗服务设施排队系统当中，用来监控系统中事故发生强度的变化，并与维护策略结合在一起，建立一个整合模型。

7.3　模型描述

考虑一个由单个医疗服务设施（服务台）构成的服务系统。假定服务台对每个前来就诊的患者，服务所用时间独立且同指数分布，强度为 μ，患者到达服务台服从泊松分布，强度为 λ，则可知该服务系统构成了一个简单的 M/M/1 的排队系统。同时，我们假定服务台服务患者的容量是无限的，即服务台有充足的空间容纳前来就诊的患者。

服务设施在运行过程中可能发生可归因因素，可归因因素的发生会使得服务设施逐渐退化。这种设施退化造成的直接后果是服务台由正常（受控）的运行状态转移至失控的运行状态。当服务台在失控状态下提供服务时，服务台在服务过程中出现事故的强度增大。假设服务台在正常状态下运行发生事故的强度为 p_0，在失控状态下运行发生事故的强度为 $p = \delta p_0 (\delta > 0)$。当确认可归因因素发生时，管理人员对服务台进行一次维护，维护完成后服务台由失控的运行状态调整到正常的运行状态。假定服务台进行维护的时间服从非负的指数分布，强度为 $\beta (\beta > 0)$。图 7 - 1 给出了伯努利扫描统计量控制图—维护模型的框架图。

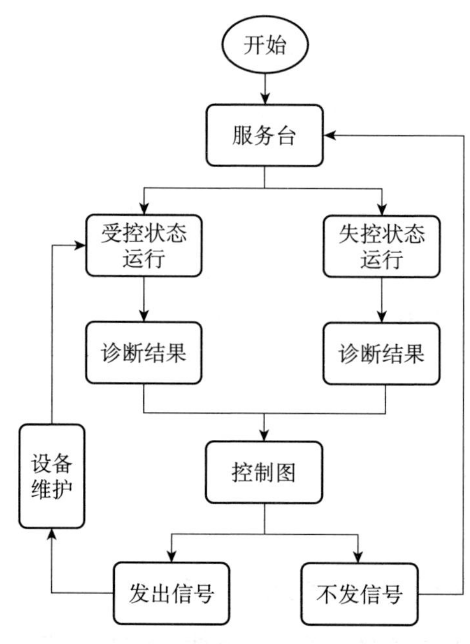

图 7 - 1　整合模型框架图

由于造成服务设施事故发生强度偏移的可归因因素通常是不可见的，很难直接观察识别，因此难以实时了解服务台事故发生强度的变化情况。在本章中，我们借助伯努利扫描统计量控制图来监控服务台服务进程。当扫描统计量控制图监测到事故强度增大时，控制图立即发出警报信号。管理人员在接收到警报信号后，立即执行维护措施使服务台调整到正常的工作状态。与传统控制图的使用不同的是，扫描统计量控制图随着扫描窗口的移动，控制图有多个可能的运行状态。这样，控制图运行中，很难直接判断当前所处的是哪一个受控状态。雷诺兹和斯托姆博斯（Reynolds & Stoumbos，1999）曾尝试采用构建马尔可夫链的方法设计伯努利累积和控制图，他们文章中所采用的这种构建马氏链的方法简单可行，适用性较强。本章借鉴同样的方法，给出了伯努利扫描统计量控制图的马氏链刻画方法。下一节我们将对这一方法在伯努利扫描统计量控制图上的应用做简单介绍。

7.3.1　参数设计对最优策略的影响

采用构造马氏链的方法首先要定义马氏链的状态集。对于一张伯努利扫描统计量控制图，在服务进程提供 m 次服务（诊断治疗）后，如果控制图没有发出警报信号，则可知在 m 次服务中发生事故的次数少于或等于 $k-1$ 次。此时，S_i 可能取到0到 $k-1$ 之间的所有整数值。在任意时间点 i，从上一次服务后 S_{i-1} 的取值到本次服务后 S_i 的取值变化可能是以下四种情况之一。

（1）如果第 i 次和第 $i-m+1$ 次服务都发生事故（$Y_i=Y_{i-m+1}=1$）或都不是事故（$Y_i=Y_{i-m+1}=0$），S_i 的值保持不变。

（2）无论第 $i-m+1$ 次服务是否是一次事故，即 $Y_{i-m+1}=0$ 或 1；如果 $S_{i-1}=k-1$ 且第 i 次服务是一次事件（$Y_i=1$），有 $S_i=k$，控制图发出警报信号。

（3）无论第 $i-m+1$ 次服务是否是一次事故（$Y_{i-m+1}=0$ 或 1）或不存在（$i-m<0$）；如果 $S_{i-1}<k-1$ 且第 i 次服务是一次事故（$Y_i=1$），有 $S_i=S_{i-1}+1(S_i<k)$。

（4）如果第 i 次服务没有发生事故（$Y_i=0$）且第 $i-m+1$ 次服务存在并且是一次事故（$Y_{i-m+1}=1$），有 $S_i=S_{i-1}-1$。

根据上述可知，只有知道最近 $m-1$ 次服务的结果才能够明确定义控制图当前所处的状态。在扫描窗口数据不断更新的情况下，每一次服务结果都最终会成为 Y_{i-m+1} 的取值。故在基于伯努利扫描统计量的马氏链中，根据当前服务结果是否是一次事故，进程有两个可能的状态可以跳转。而进程中所处的每一个状态都有一个特定的 S_i 值，通常称这些与 $S_i < k$ 相关的状态为瞬时状态（transient state）。瞬时状态的总个数 N_{TS} 可计算如下：

$$N_{TS} = \sum_{i=0}^{k-1} \binom{m-1}{i} \tag{7-2}$$

表 7-1 作为一个示例，给出了 $k=2$，$m=5$ 特定情形下伯努利扫描统计量控制图所有可能存在的瞬时状态。在使用马氏链方法刻画进程运行状态转移时，首先要写出马氏链的状态转移矩阵，通常将其记为 $\boldsymbol{Q}$。$\boldsymbol{Q}$ 矩阵中的每一行和每一列分别代表上述 N_{TS} 个瞬时状态中的其中一个。在转移矩阵 $\boldsymbol{Q}$ 中处于 a 行 b 列交叉点的元素表示进程从 a 状态转移至 b 状态的概率。对于伯努利扫描统计量控制图而言，对任意一个瞬时状态，在下一个服务结果数据收集后，根据结果数据的不同，它可能到达的状态点有两个。具体地说，对于给定的时间点 i，这两个状态由下一次服务结果（$Y_i=0$ 或 1）决定，其中前面（$m-1$）维 01 序列代表进程当前所处的状态；如果事故发生，检查窗口中是否已有 k 个事故发生，如果是，则控制图给出警报信号；如果否，则将之前的（$m-1$）维 01 序列左边减去第一个元素，右边添加最新的结果数据（0 或 1），从而构成一个新的（$m-1$）维 01 序列。如此重复进行。

表 7-1　$k=2$，$m=5$ 情况下所有可能的瞬时状态

状态	监测结果顺序排列*
1	0000 或 1000
2	0100
3	0010
4	0001

注：*1 代表有事故发生，0 代表没有事故发生。观测值顺序排列是按照实验发生的先后顺序依次从左向右排列。

7.3.2　整合模型的稳态分析

这一节将给出整合模型在稳定运行状态下的分析。由上一节可知，当 m 取值不同时，扫描窗口的长度和编码（结果排列）也不相同。现实中可以根据不同的情况选择使用适宜的、不同的扫描窗口长度。另外，当 k 取值不同时，扫描窗口判断事故强度变化的标准也不相同。而在不同的结果编码下，服务设备状态转移也不相同。故当 m 和 k 取值不同时可以对应不同的实际情况，但对于整合模型的分析方法是相同。所以，只需要了解一组 m 和 k 取值情况下整合模型的稳态分析过程，当 m 和 k 取值不同时，也可做类似分析。需要特别指出的是，本章主要以模型的分析方法介绍为主。已知当 m 和 k 取值较大时，伯努利扫描统计量控制图构造的马尔可夫链瞬时状态数较多（N_{TS}取值较大），故为了方便起见，本章以 $k=2$，$m=5$ 取值情况下为例，给出整合模型的稳态分析。对于一张 $k=2$，$m=5$ 取值下的伯努利扫描统计量控制图，表 7－1 给出了所有可能的进程所处的瞬时状态，表 7－2 给出了所有可能的（$m-1$）个状态向量，并给这些状态向量分别配了编号。

表 7－2　　$k=2$，$m=5$ 情况下马氏状态转移概率

起始状态	到达状态				
	1	2	3	4	S^*
1	$1-p$	0	0	p	0
2	$1-p$	0	0	0	p
3	0	$1-p$	0	0	p
4	0	0	$1-p$	0	p
S^*	0	0	0	0	1

注：＊当扫描统计量控制图进入 S 状态时，控制图会发出警报信号。

当 $k=2$，$m=5$ 时，本章尝试用建立马氏链的方法来刻画前文所描述的问题。记 $N(t)$ 为在 t 时刻系统中等待服务的顾客人数；$S(t)$

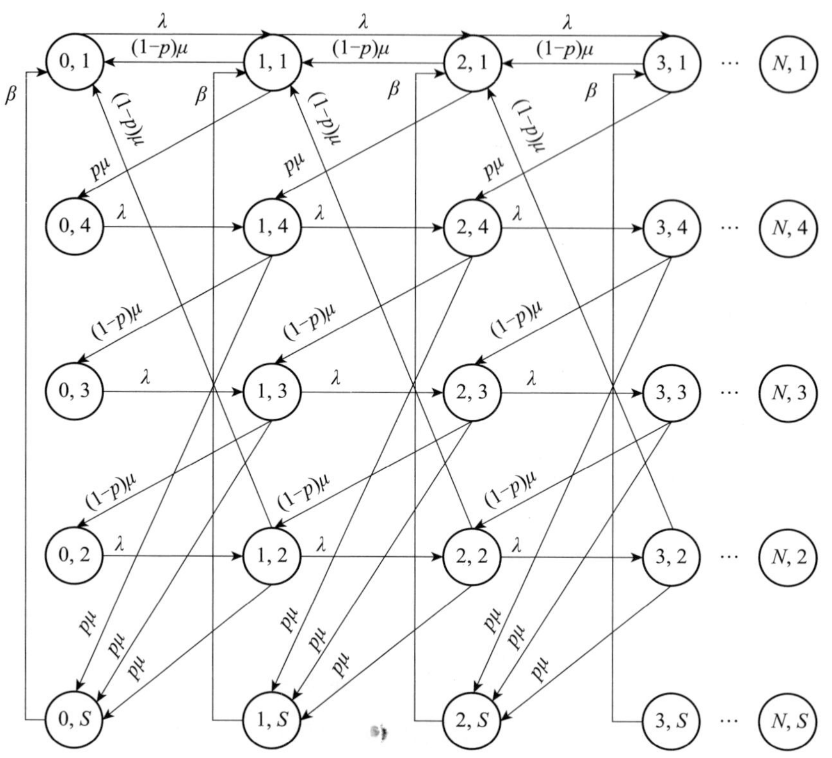

图 7-2　伯努利扫描统计量控制图状态转移图

为在 t 时刻服务台所处的状态，如图 7-2 所示。已知此时排队系统存在有 5 个可能的运行状态，分别为状态 1、状态 2、状态 3、状态 4 及状态 S。则 $\{N(t), S(t)\}$ 构成一条连续的马氏链。按照排队系统中顾客数量升序排列的规则对系统状态重新排列，则有：

水平 0：(0, 1)，(0, 2)，(0, 3)，(0, 4)，(0, S)；

水平 1：(1, 1)，(1, 2)，(1, 3)，(1, 4)，(1, S)；

水平 2：(2, 1)，(2, 2)，(2, 3)，(2, 4)，(2, S)；

水平 3：(3, 1)，(3, 2)，(3, 3)，(3, 4)，(3, S)；

…，…，…

则状态转移矩阵生成器 $\boldsymbol{Q}$ 可写为：

$$
\boldsymbol{Q} = \begin{pmatrix} \boldsymbol{B}_0 & \boldsymbol{B}_2 & & & \boldsymbol{0} \\ \boldsymbol{B}_1 & \boldsymbol{A}_1 & \boldsymbol{A}_0 & & \\ & \boldsymbol{A}_2 & \boldsymbol{A}_1 & \boldsymbol{A}_0 & \\ & & \boldsymbol{A}_2 & \boldsymbol{A}_1 & \boldsymbol{A}_0 \\ \boldsymbol{0} & & & \ddots & \ddots & \ddots \end{pmatrix} \tag{7-3}
$$

其中，

$$
\boldsymbol{B}_0 = \begin{pmatrix} -\lambda & 0 & 0 & 0 & 0 \\ 0 & -\lambda & 0 & 0 & 0 \\ 0 & 0 & -\lambda & 0 & 0 \\ 0 & 0 & 0 & -\lambda & 0 \\ \beta & 0 & 0 & 0 & -\beta \end{pmatrix} \tag{7-4}
$$

$$
\boldsymbol{B}_1 = \boldsymbol{A}_2 = \begin{pmatrix} (1-p)\mu & 0 & 0 & p\mu & 0 \\ (1-p)\mu & 0 & 0 & 0 & p\mu \\ 0 & (1-p)\mu & 0 & 0 & p\mu \\ 0 & 0 & (1-p)\mu & 0 & p\mu \\ 0 & 0 & 0 & 0 & 0 \end{pmatrix} \tag{7-5}
$$

$$
\boldsymbol{B}_2 = \boldsymbol{A}_0 = \begin{pmatrix} \lambda & 0 & 0 & 0 & 0 \\ 0 & \lambda & 0 & 0 & 0 \\ 0 & 0 & \lambda & 0 & 0 \\ 0 & 0 & 0 & \lambda & 0 \\ 0 & 0 & 0 & 0 & 0 \end{pmatrix} \tag{7-6}
$$

$$
\boldsymbol{A}_1 = \begin{pmatrix} -\lambda-\mu & 0 & 0 & 0 & 0 \\ 0 & -\lambda-\mu & 0 & 0 & 0 \\ 0 & 0 & -\lambda-\mu & 0 & 0 \\ 0 & 0 & 0 & -\lambda-\mu & 0 \\ \beta & 0 & 0 & 0 & -\beta \end{pmatrix} \tag{7-7}
$$

若记：

$$\pi_{i,j} = \lim_{t\to\infty}\pi_{i,j}(t) \tag{7-8}$$

为医疗设备在 t 时刻处于（i, j）状态的稳态概率，同时记：

$$\begin{cases}\Pi_i = (\pi_{i,1}, \pi_{i,2}, \pi_{i,3}, \pi_{i,4}, \pi_{i,S}) \\ \Pi = (\Pi_0, \Pi_1, \Pi_2, \cdots)\end{cases} \quad i = 0, 1, 2, \cdots \tag{7-9}$$

根据马尔可夫理论可知 $\Pi\boldsymbol{Q}=0$，$\Pi 1=1$。我们采用矩阵几何解的方法（matrix geometric solution），则有：

$$\Pi_{i+1} = \Pi_i\boldsymbol{R}, \quad i \geqslant 0 \tag{7-10}$$

其中 $\boldsymbol{A_0}+\boldsymbol{RA_1}+\boldsymbol{R}^2\boldsymbol{A_2}=0$，矩阵 $\boldsymbol{R}$ 可由以下迭代的方法求得：

$$\begin{cases}\boldsymbol{R}(0) = 0 \\ \boldsymbol{R}(n+1) = -(\boldsymbol{A_0} + \boldsymbol{R}(n)^2\boldsymbol{A_2})\boldsymbol{A_1}^{-1}\end{cases} \tag{7-11}$$

边界向量 Π_0 可由以下等式联立求得：

$$\begin{cases}\Pi_0\boldsymbol{B_0} + \Pi_1\boldsymbol{B_1} = 0 \\ \Pi_0\boldsymbol{B_2} + \Pi_1\boldsymbol{A_1} + \Pi_2\boldsymbol{A_2} = 0 \\ \Pi_0 e + \Pi_1 (\boldsymbol{I} - \boldsymbol{R})^{-1}\mathrm{e} = 1\end{cases} \tag{7-12}$$

该排队系统的期望队长，记为 $L(N)$，则可表述如下：

$$L(N) = \sum_{i=0}^{\infty} i(\pi_{i,1} + \pi_{i,2} + \pi_{i,3} + \pi_{i,4} + \pi_{i,S}) \tag{7-13}$$

根据 Little 公式，排队系统中顾客的期望等待时间，若记为 $E[W]$，可求得如下：

$$E[W] = \frac{L(N)}{\lambda} \tag{7-14}$$

由前文描述可知该排队系统缓存容量是无限的，所以队长可以是无限的。为了确定在该排队系统中的顾客数 N，这里设定一个微小的阈值 $\xi(\xi>0)$，当连续两个顾客之间的到达时间充分小的时候，则认为系统中的顾客数不再增加，即后续顾客到达的概率非常小，即：

$$|L(N+1) - L(N)| < \xi \tag{7-15}$$

7.4　可用性函数和成本函数

在实际生活中，服务提供者通过向顾客提供满足其需求的设备运行能力/服务能力从而最大化其收益。而设备所拥有的服务能力也通常被称为设备的可用性。由于各种因素的影响往往使得设备的运行或设备提供的服务有很多不确定性。这些不确定的因素常常对服务提供者提出挑战。了解服务设备的可用性对于服务提供者来说至关重要。在本章中，我们采用一个设备可用性函数 $A(\%)$ 来定义这种不确定性，函数表达如下（Jardine & Tsang，2013）：

$$A(\%) = \frac{\text{服务台正常运行时间}}{\text{服务台提供服务总的时间间隔}} \times 100\% \qquad (7-16)$$

易知，当可用性函数值越高时，设备处于健康运行状态的时间越久，越能够满足服务需求方的需要。故掌握设备可用性的变化情况对于服务提供方显得十分重要。在本章中，我们所分析的服务台的可用性表现为服务台处于正常运行状态的稳态概率。

另外，控制图运行和服务设施的维护管理都会产生经济结果，从经济角度分析集成模型的表现情况十分重要。对于本章所考虑的服务系统，我们这里讨论以下三类成本，分别为服务台的运行成本、顾客等待成本以及由于可归因因素导致的系统维护成本。它们可分别推得如下。

1. 服务运作成本

记 $c_0(c_0>0)$ 为当服务进程处于正常运行状态时的单位时间成本。由上文分析可知，服务系统处于正常运行状态的稳态概率为：

$$\sum_{i=0}^{N}(\pi_{i,0} + \pi_{i,1} + \pi_{i,2} + \pi_{i,3} + \pi_{i,4}) \qquad (7-17)$$

则可知服务系统总的单位时间运行成本为：

$$c_0 \times \sum_{i=0}^{N} (\pi_{i,0} + \pi_{i,1} + \pi_{i,2} + \pi_{i,3} + \pi_{i,4}) \tag{7-18}$$

2. 顾客等待成本

记 c_d 为单位时间单个顾客的等待时间成本。已知服务系统中处于等待状态的期望顾客数量为 $L(N)$，则单位时间顾客等待总成本为 $c_d L(N)$。

3. 设备维护成本

当控制图发出信号时，管理者需立即对设备执行维护。记单位时间设备进行维护的成本为 c_m。已知控制图发出信号的概率为 $\Pi_S = \sum_{i=0}^{N} \pi_{i,S}$，则设备进行维护的单位时间成本为 $c_m \Pi_S$。

令 $E(C)$ 为整合模型在稳定状态下单位时间上的总期望成本，则有：

$$E(C) = c_0 \times \sum_{i=0}^{N} (\pi_{i,0} + \pi_{i,1} + \pi_{i,2} + \pi_{i,3} + \pi_{i,4}) + c_d L(N) + c_m \Pi_S \tag{7-19}$$

这一节我们给出了在 $k=2$，$m=5$ 情况下，整合模型的稳态分析。下一节将通过具体的数值实验分析系统各设计参数变化对于可用性函数 $A(\%)$ 以及模型单位时间总成本 $E(C)$ 的影响。

7.5 数值分析

7.5.1 参数设计对于整合模型的影响

在这一节中，我们将通过数值实验分析服务系统参数取值变化对于整合模型结果的影响，主要从两个方面展开讨论，一是参数设计对于系统可用性函数 $A(\%)$ 的影响；二是参数设计对于整合模型单位时

间总成本 $E(C)$ 的影响。表 7 – 3 给出了数值实验的参数初始值设定。在给定条件下，通过数值优化有系统单位时间总成本 $E(C)$ = 28.0907，系统可用性函数值 $A(\%)$ = 59.64%。

表 7 – 3　　数值参数初始值设定列表

λ	μ	β	c_0	c_d	c_m	p	ζ
0.5	0.65	0.05	10	0.8	50	0.005	0.00001

在给定数值例子下，保持其他参数取值不变，变动其中一个参数的取值，观察其对目标函数取值的影响效应，则可得到该参数对于整合模型的影响。图 7 – 3 ~ 图 7 – 10 展示了各设计参数变化对于可用性函数 $A(\%)$ 以及整合模型单位时间总成本 $E(C)$ 的影响。通过分析，我们可以得到以下结论和启示。

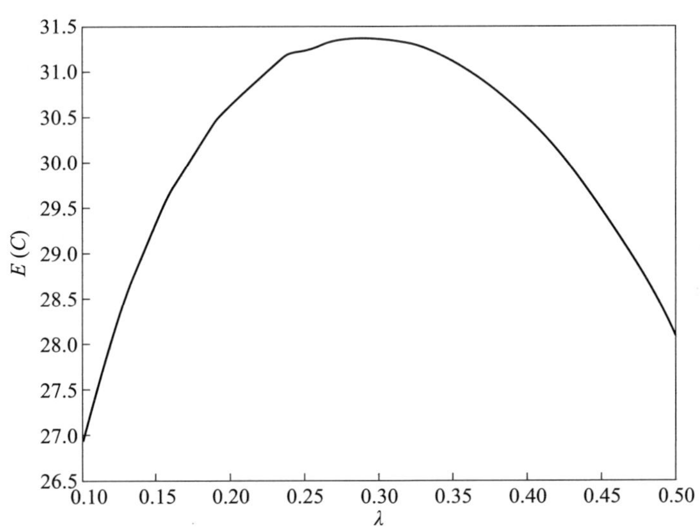

图 7 – 3　λ 对服务进程单位时间总成本 $E(C)$ 的影响

(1) 图 7 – 3 展示了顾客到达强度 λ 对服务进程单位时间总成本 $E(C)$ 的影响。从图中我们可以观察到，单位时间总成本 $E(C)$ 是关于顾客达到强度 λ 的凹函数。当 λ 取值较小时，随着 λ 的增大，系统单位时间总成本也会相应地增大。这是因为，随着顾客人数的增多，服务台出现事故的次数也会增多，控制图更有可能发出信号从而使总的系统维护成本升高，这样系统单位时间总成本随之增大。当 λ 超过某一阈值时，随着 λ 的增大，系统单位时间总成本反而减小。此时随着 λ 取值的增大，顾客到达强度与服务台服务强度 μ 的差距越来越小，顾客等待成本会增加，但服务系统进入维修状态的次数会减小，由于在整合模型中顾客等待成本设定取值较小，所以，整体来说系统单位时间总成本仍在逐渐减小。图 7－4 展示了 λ 对服务系统可用性 $A(\%)$ 的影响。从图中可以看出，系统可用性函数 $A(\%)$ 是关于 λ 的凸函数，即当 λ 取值较小时，随着 λ 的增大，系统可用性在降低。此时服务系统进入维护状态的次数增多，而当 λ 超过某一阈值时，随着 λ 的增大，系统可用性也在增大。通过观察和对比图 7－3 与图 7－4 的结果发现，单位时间总成本 $E(C)$ 和系统可用性函数 $A(\%)$ 存在着直接的负相关关系。

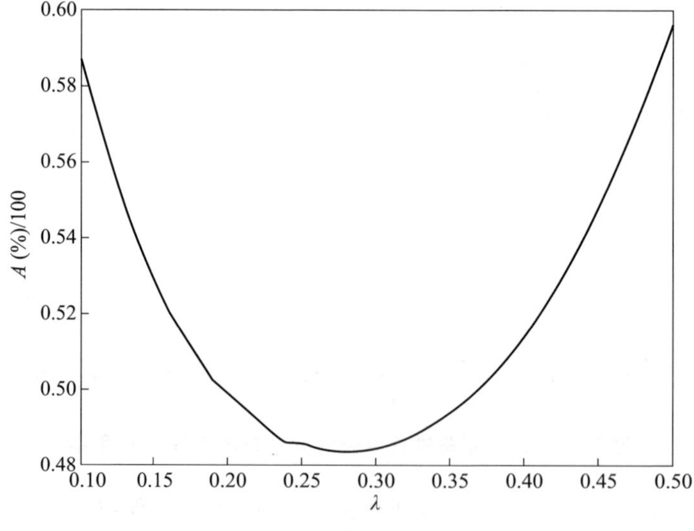

图 7－4　λ 对服务系统可用性 $A(\%)$ 的影响

（2）图 7－5 展示了服务台服务强度 μ 对服务进程总成本 $E(C)$ 的影响。从图中可以观察到，系统单位时间总成本 $E(C)$ 随着服务台服务强度μ的增大而增大。这是因为，随着服务台服务强度μ的增大，服务台服务顾客的频率加快，服务台出现事故的频率也会增大，系统进入维护状态的频率增大，此时系统单位时间总成本升高。图7-6反映了服务台服务强度μ对服务系统可用性$A(\%)$的影响。从图中可以发现，服务台可用性随着服务强度μ的增大而减小。造成这种现象的原因是，由于服务强度μ增大时，服务台出现事故的频率增大，因此伯努利扫描统计量控制图触发警报信号的可能性增大，即服务台进入维护的强度也会增大，服务台的可用性因此降低。另外，我们可以从图7-5和图7-6观察发现，当服务强度μ增大到某一程度时，系统单位时间总成本和系统可用性函数值变化较小，逐渐趋于稳定。

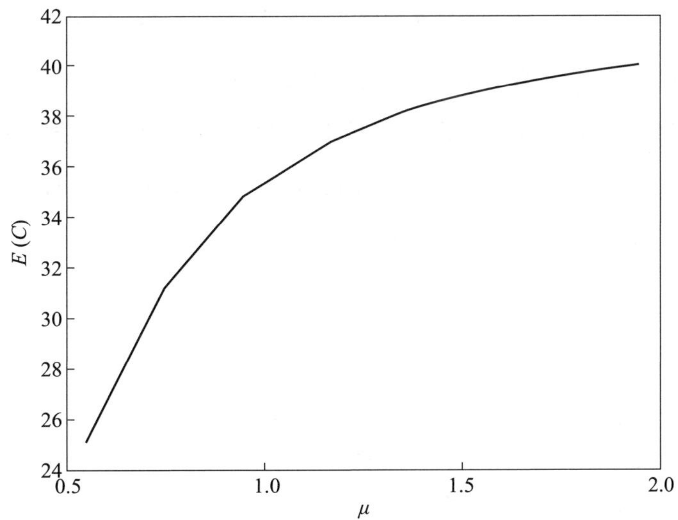

图7-5　系统参数μ对服务进程总成本$E(C)$的影响

（3）图7-7展示了事故发生强度p对服务进程总成本$E(C)$的影响。从图中呈现的结果可以发现，随着服务进程中事故发生强度p的增大，系统单位时间总成本$E(C)$取值增大。即当服务进程发生事故的强度增大时，系统发生事故的数量也会增多，伯努利扫描统计量控制图更容易发出警报信号，而当出现警报信号时，服务系统便会进

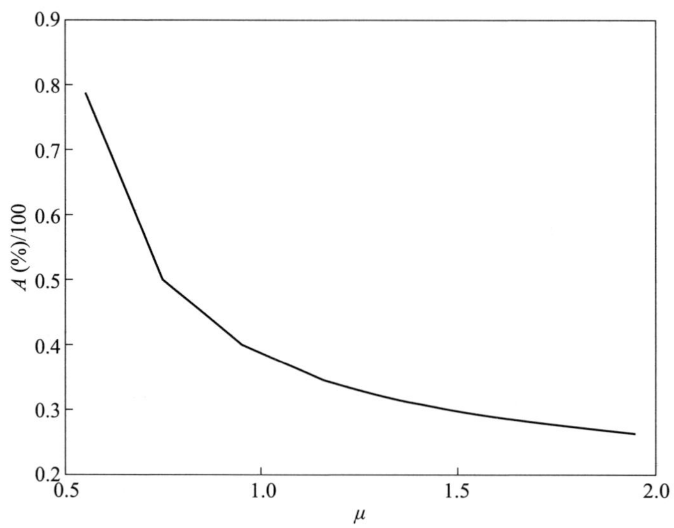

图 7-6　系统参数 μ 对服务系统可用性 $A(\%)$ 的影响

入维护状态，此时服务系统进入维护状态的强度增大，维修成本增加，因此，这便导致服务系统单位时间总成本的增大。图 7-8 给出了事故发生强度 p 对服务系统可用性 $A(\%)$ 的影响。易知，当事故发生强度 p 增大时，服务系统可用性也随之降低。

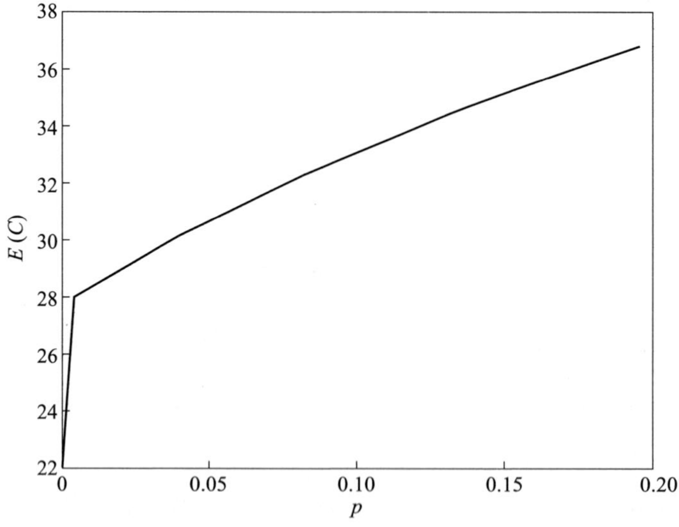

图 7-7　系统参数 p 对服务进程总成本 $E(C)$ 的影响

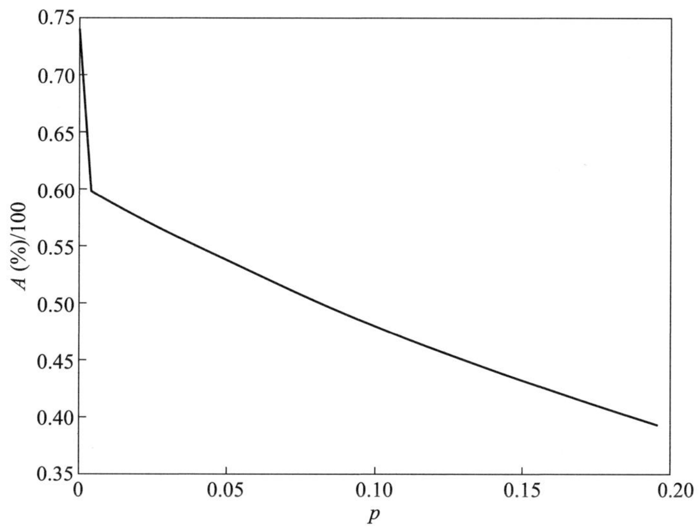

图 7－8　系统参数 p 对服务系统可用性 $A(\%)$ 的影响

（4）图 7－9 给出了服务设施维修强度 β 对服务进程总成本 $E(C)$ 的影响。从图中结果可以明显看出，随着设备维修强度 β 的增大，系统总成本 $E(C)$ 下降。当 β 增大时，服务进程进行一次维修的时间就会相应缩短，维修所花费的成本随之减少，故系统单位时间总成本下降。图 7－10 展示了服务设施维修强度 β 对服务系统可用性 $A(\%)$ 的影响。易知，当服务进程进行一次维护的时间减少时，表明服务进程更容易进入正常的运行状态或在健康运行状态持续时间更长，此时服务系统的可用性必然提高。

7.5.2　整合模型的鲁棒性分析

上一节分析了几个重要系统参数的变化对于整合模型目标函数结果的影响，这一节我们讨论参数非精确取值或参数值有误差情况下，各参数取值变化对于整合模型结果的影响。在实际生活中，系统参数的精确值通常是未知的，需要根据生产经验、产品报告或者市场调查等手段来估计这些参数的取值。然而，通过这些方法得到的参数估计

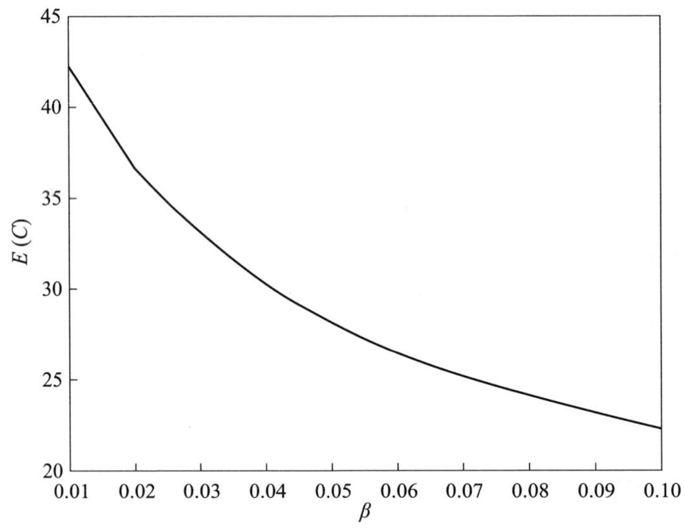

图 7-9 系统参数 β 对服务进程总成本 $E(C)$ 的影响

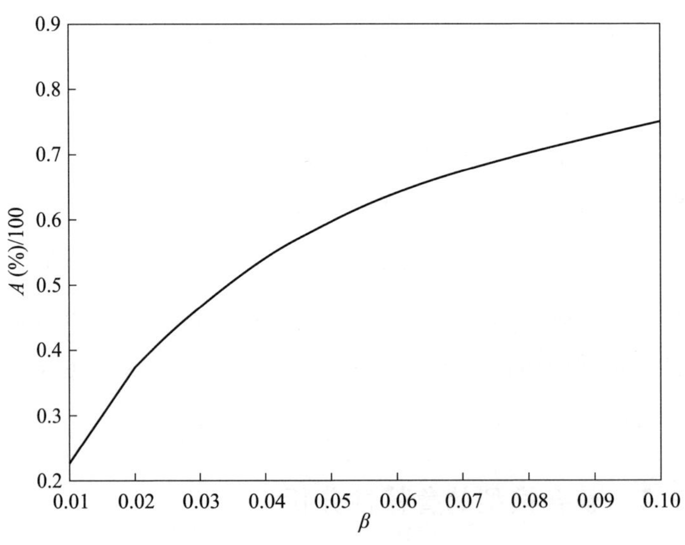

图 7-10 系统参数 β 对服务系统可用性 $A(\%)$ 的影响

值往往是不准确的，与实际值有一定误差。因此，在研究中一个重要的研究课题就是观察不精确的参数估计量对于模型结果的影响。为了研究系统参数变化对于服务设备可用性以及系统单位时间总成本 $E(C)$ 的影响，我们做以下敏感度分析。在表 7-4 和表 7-5 中，

Level 1 表示上一节数值实验中给定的参数初始设定值，在 Level 1 设定值的基础上，Level 2 和 Level 3 分别将参数设定值增大 10% 和 20%。

记 $V_C/V_A(\%)$ 分别表示在三种不同水平的参数设定值下服务系统单位时间总成本和可用性函数值的浮动范围。其符号定义如下，对于系统总成本/服务可用性分别有：

$$V_C/V_A(\%) = \frac{\max(\text{Level }1,\text{Level }2,\text{Level }3)-\min(\text{Level }1,\text{Level }2,\text{Level }3)}{\text{Level }1} \times 100\% \tag{7-20}$$

表 7－4 给出了系统单位时间总成本 $E(C)$ 的数值实验结果及其浮动范围，表 7－5 给出了可用性函数 $A(\%)$ 的数值实验结果及其浮动范围。

表 7－4　数值结果及单位时间总成本 $E(C)$ 的浮动比例

参数设定	Level 1	Level 2	Level 3	单位时间总成本 $E(C)$			
				Level 1	Level 2	Level 3	$V_C(\%)$
λ	0.50	0.55	0.60	28.0907	26.4986	26.5591	5.67
μ	0.65	0.715	0.78	28.0907	30.2956	31.9932	13.89
p	0.0050	0.0055	0.0060	28.0907	28.1230	28.1549	0.23
β	0.050	0.055	0.060	28.0907	27.2231	26.4479	5.85
c_0	10	11	12	28.0907	28.6871	29.2835	4.25
c_d	0.80	0.88	0.96	28.0907	28.2854	28.4802	1.39
c_m	50	55	60	28.0907	30.1086	32.1265	14.37

表 7－5　数值结果及服务系统可用性 $A(\%)$ 的浮动比例

参数设定	Level 1	Level 2	Level 3	系统可用性 $A(\%)$			
				Level 1	Level 2	Level 3	$V_A(\%)$
λ	0.50	0.55	0.60	59.64%	66.96%	78.24%	31.19
μ	0.650	0.715	0.780	59.64%	52.71%	47.80%	19.85
p	0.0050	0.0055	0.0060	59.64%	59.57%	59.49%	0.25
β	0.050	0.055	0.060	59.64%	61.91%	63.94%	7.21

续表

参数设定	Level 1	Level 2	Level 3	系统可用性 A(%)			
				Level 1	Level 2	Level 3	V_A(%)
c_0	10	11	12	59.64%	59.64%	59.64%	0
c_d	0.80	0.88	0.96	59.64%	59.64%	59.64%	0
c_m	50	55	60	59.64%	59.64%	59.64%	0

根据表 7－4 中数值结果可发现，当目标参数在不同水平值上变动时，它们对系统单位时间总成本的影响也各不相同。其中，事故发生强度 p、顾客单位时间等待成本 c_d 以及服务系统受控状态下单位时间成本 c_0 的取值变化，对于系统单位时间总成本的影响较小，此时 $E(C)$ 值的最大波动范围都控制在 5% 以下。顾客到达强度 λ 和设备维修时间强度 β 对于服务系统单位时间总成本的影响稍大，但 $E(C)$ 值的最大波动范围也都控制在 5% ~6% 之间。需要特别注意的是，服务台服务强度 μ 和服务系统维护所需单位时间成本 c_m 对于系统单位时间总成本的影响较大，$E(C)$ 值的最大波动范围在 10% ~15% 之间。总的来说，这些参数值在不同水平上浮动时，服务系统单位时间总成本波动较小，这表明本章所提出的伯努利扫描统计量控制图成本函数对于模型参数的变化具有一定的鲁棒性。由于在实践中，服务进程中各项参数值均是由历史数据估计而来，难免会有误差，此时，本模型所具有的这一特征就会显得尤为重要。我们的数值实验结果表明，当服务进程参数估计值在一定程度上不准确或有偏差时，对本章所建立模型的产出结果影响较小。同时，我们也应注意到所提出的整合设计模型对于服务台服务强度 μ、服务进程维护状态下单位时间成本 c_m 值的波动较为敏感。因此，在实际操作中，管理人员对于这些参数的设定要着重注意。

参照表 7－5 中的数值结果，我们发现，相较于服务系统参数对于单位时间总成本的影响，一些参数的变化对于服务系统可用性的影响较大。同时，由于成本参数（c_0，c_d 和 c_m）没有参与系统可用性的构造，故而对系统可用性没有任何影响。具体地，我们发现服务系统事故发生强度 p 发生细微波动时，对于服务系统可用性函数 $A(\%)$ 的影响较小。顾客到达强度 λ 和服务台服务强度 μ 对系统可用性的影响较大，$A(\%)$ 值的最大波动范围都在 15% 以上。要而言之，服务系统可用性函数对于系统参数的变化鲁棒性较差。因此，当管理者在分析系统可用性时，对于上述参数的取值要格外注意。

7.6　本章小结

在本章中，首先，我们介绍了如何构建一张伯努利扫描统计量控制图，并同时给出了伯努利扫描统计量控制图的马氏链刻画方法。其次，由于考虑到本章所建立模型的一般性和复杂性，我们在一个特定的情况下建立了伯努利扫描统计量控制图结合维护管理的整合模型。在所建立的伯努利扫描统计量控制图—维护管理集成模型中，服务进程发生事故的强度通过伯努利扫描统计量控制图实时检测，管理人员根据控制图信号进而能够了解服务进程中事故发生强度的变化以及服务系统是否需要被及时地维护。最后，我们通过数值实验观察了服务系统稳定运行状态下系统单位时间总成本及可用性函数的变化情况，分析了各设计参数对于整合模型的影响。

数值分析表明，从经济和系统可用性角度考虑，整合模型对于一些重要的系统参数的变动具有一定的鲁棒性，对于某些参数则不然。同时实验结果表明，系统单位时间总成本的变化和系统可用性函数之间存在着直接的负相关关系，服务系统可用性越高，整合模型单位时间总成本越小；反之，服务系统可用性越低，整合模型单位时间总成本越高。本章为控制图—维护管理集成方案在医疗服务设施中的应用，提供了一定的理论指导和实践范式。

第8章　总结与展望

8.1　研究总结

控制图在统计质量过程控制中具有举足轻重的地位，一张性能良好的控制图能够极大地促进生产/服务过程中质量检测的效率，同时能够节省成本，提高企业竞争力，为企业赢得利润。传统的休哈特控制图由于抽样样本容量、抽样时间间隔以及控制界限等设计参数保持不变的缺点，使它对于生产/服务进程中发生的小漂移监控能力不足或者容易造成进程检测资源的浪费。所以对传统控制图的改进研究就显得十分重要。系统维护管理与统计过程控制有着相互补充、互为强调的密切关系，对于两者的结合研究是符合逻辑且十分必要的。最后，统计质量控制图虽然是在制造业环境下开发和使用的，但它也可以很方便地用于服务领域。随着科技的不断革新和人们对于服务质量的重新定位，控制图在服务业中的应用也越来越广泛，例如，在服务设施维护、医疗服务管理、物流管理中的应用等。

本书在已有相关文献的研究基础上，以自适应控制图的设计以及控制图与维护管理的联合设计为研究对象，采用建立数学模型的方法，定量地对所设计的控制图的重要参数进行优化选择，使控制图管理能够在特定环境下科学、有效、经济地进行。本书的主要研究成果及创新可总结如下。

（1）本书在第3章对计数值统计质量控制图的代表——np控制图提出改进，有效克服了传统休哈特控制图对于进程小的偏移、波动不灵敏的缺陷。我们的改进思路：一是采用双抽样调整抽样时间间隔策略，使改进控制图可以根据样本信息实时调整抽样策略（样本容量、抽样时间间隔等），从而避免检测资源的浪费；二是引入多重状态相依的抽样策略，弥补了以往进程检测只依赖于当前抽样样本信息而忽略历史样本信息的不足，使改进控制图能够更快地监测到进程偏移。书中结合具体的数据对改进后的控制图模型进行了全面的灵敏度分析，并发现：1）改进后的np控制图的统计表现和经济表现要明显优于传统np控制图；2）多重状态相依抽样策略的加入有助于进一步提升np控制图的表现能力；3）依据经济设计思想而构建的改进np控制图模型对于控制图设计参数的波动具有一定的鲁棒性。值得一提的是，书中所提出的这种改进控制图的方法是一个一般性方法，也很容易适用于其他传统控制图的改进。

（2）在本书第4章中，我们对计量值控制图的代表——$\overline{X}$控制图提出改进，建立了一张自适应$\overline{X}$合成控制图，并采用构造马尔可夫链的方法给出改进控制图性能表现的计算方法。另外，在此基础上，我们建立了设备维护管理与改进后控制图的一般集成模型。书中所构造的这种控制图与维护管理相结合的模型方法也能普遍适用于其他休哈特控制图与维护管理的集成。最后，结合具体的数值例子对改进后的$\overline{X}$合成控制图模型和整合模型做了灵敏度分析。我们通过数值实验分析发现：1）改进后的$\overline{X}$合成控制图的统计表现要优于传统的$\overline{X}$合成控制图，能够更加及时地发现进程中发生的质量偏移；2）自适应$\overline{X}$合成控制图—维护管理整合模型的使用相较于两个独立模型（控制图模型和维护管理模型）的使用，能给整个生产系统带来较大的成本节约；3）整合模型对于系统参数的波动具有一定的鲁棒性，这在实际生产管理中有着重要的意义。

（3）本书第5章对同时利用了属性型数据和数值型数据的静态MIX S^2 控制图提出改进。静态MIX S^2 控制图在检测进程漂移过程中采用了属性数据和变量数据二型数据，既吸收了变量型检测采样容量小的优点又保留了属性型检测成本低、耗时少的优点。为进一步提升静态MIX S^2 控制图检测进程漂移的灵敏度，书中提出了一张动态（V_p）MIX S^2 控制图。通过数值仿真，我们比较了 V_p MIX S^2 控制图与相应静态图和VSI图在AATS方面的统计性能表现。数值结果表明，V_p MIX S^2 控制图在不同方差漂移幅度下始终保持最优的统计性能，尤其当进程方差漂移幅度较小时，较大幅度提升了原静态MIX S^2 控制图的统计性能。书中还分析了方差漂移幅度和工序受控状态下平均抽样间隔对改进后控制图AATS最优取值的影响。

（4）本书在第3章、第4章和第5章中主要考虑了制造业环境下传统控制图的改进设计以及控制图与维护管理的集成。针对服务业环境，本书在第6章中考虑在一个M/M/1缓冲区容量有限的单服务台排队系统中建立起维护管理和TBE控制图的整合模型。在书中，我们通过TBE控制图监控服务设施发生的故障间隔时间。在一次故障发生后，根据TBE控制图触发的警报信号判定是否需要对设备执行被动性维护。当排队系统进入空闲状态时，系统有一定的概率进入到计划性维护当中。书中采用RG因式分解法给出了集成模型的稳态分析，同时结合具体的数据对模型进行了全面的灵敏度分析。数值分析显示，在排队系统中引入控制图策略有利于服务系统总成本的节约。

（5）在医疗服务环境下，本书在第7章中建立了伯努利扫描统计量控制图与维护管理的集成模型。首先，我们给出医疗服务诊断中伯努利扫描统计量控制图的简单介绍。其次，将一个特定的伯努利扫描统计量控制图引入到一个M/M/1缓冲区容量无限的单服务台排队系统中，用来监测医疗诊断服务中事故发生强度的变化。书中采用矩阵几何解的方法给出了集成模型的稳态分析。书中还建立了一个系统可用性函数，并通过数值实验分析了各系统设计参数对于系统可用性函数以及系统总成本的影响。这项工作的主要创新在于：首次考虑将伯努利扫描统计量控制图与医疗服务设施的维护管理相集成，提出了伯努利扫描统计量控制图—维护管理整合模型，并将其应用在一个M/M/1缓冲区容量无限的排队系统中，同时给出了整合模型的稳态分析。

8.2　研究展望

统计质量控制图在越来越多的领域得到推广和使用，研究人员对于控制图持续改进工作也从未止步。本书的研究工作只是对控制图的设计和应用做了简单探讨，同时还有很多问题值得进一步讨论。我们归纳了三个在下一步研究中值得进一步探讨和完善的问题。

（1）本书所提出的控制图设计方案都是在假定生产/服务进程参数（如进程均值、进程标准差等）已知的情况下进行的，而在实际生产实践中，进程参数一般是未知的，通常是由生产经验、实验报告等历史材料估计得来，是非精确的。因此，考虑进程参数估计情况下控制图的设计及性能表现在实践中有着非常重要的实际意义。

（2）书中所涉及的控制图的设计都是假定在单个生产设备环境下进行的，这种设定过于理想。在很多情况下，产品的生产或服务的提供多是在一个串联的或者多维的生产进程中完成的，不同的设备、工序彼此之间可能相互影响。在这样的环境下，控制图设计会有哪些变化同样值得引起关注。例如，我们可以尝试考虑在一个两阶段串联的生产环境下考虑控制图的设计问题。

（3）在本书中，我们首次考虑将控制图设计和维护管理集成引入到简单的 M/M/1 单服务台排队系统当中，并观察分析了控制图设计在排队系统中的不同，为控制图工具在排队系统中的应用做了一个抛砖引玉的工作。面对复杂的排队服务系统，如多服务台并行的排队系统，控制图在其中的使用又会带来哪些变化，都值得我们在下一步研究中作进一步思考和探究。

参考文献

［1］ 埃文斯，林赛．质量管理与质量控制［M］．北京：中国人民大学出版社，2010.

［2］ 仓婷．维护策略与累计和控制图经济优化联合设计［D］．上海：上海交通大学，2013.

［3］ 刘俐岑．供应链配送时效控制图的应用研究［D］．北京：北京理工大学，2015.

［4］ 柳乃奎．常规控制图在食品检测中的应用［J］．现代食品科技，2013（2）：452－454.

［5］ 秦利平，马家奇．控制图原理及在传染病预警中的应用现状［J］．疾病监测，2008，23（2）：117－120.

［6］ 王秀红．C 控制图在团购网服务质量控制中的应用研究［J］．科技视界，2014（24）：61.

［7］ 王兆军．关于动态质量控制图的设计理论［J］．应用概率统计，2002（3）：316－333.

［8］ 杨梅，高明．医疗管理中如何应用质量控制图［J］．中国卫生信息管理杂志，2007，4（5）：53－56.

［9］ 叶其孝．振兴美国数学［M］．北京：世界图书出版公司北京公司，1993.

［10］ 张公绪．新编质量管理学［M］．北京：高等教育出版社，2003.

[11] Abolmohammadi M. , Seif A. , Behzadi M. H. , B. Moghadam M. Economic Statistical Design of Adaptive $\overline{X}$ Control Charts Based on Quality Loss Functions [J]. Operational Research, 2021, 21: 1041 - 1080.

[12] Abooie M. H. , Aminnayeri M. An Analytic Variable Limit np Control Chart [J]. Scientia Iranica, 2010, 17 (1): 48 - 57.

[13] Acheson J. Duncan. The Economic Design of X-bar Charts Used to Maintain Current Control of a Process [J]. Journal of the American Statistical Association, 1956, 3 (274): 228 - 242.

[14] Aghezzaf E. H. , Jamali M. A. , Ait-Kadi D. An Integrated Production and Preventive Maintenance Planning Model [J]. European Journal of Operational Research, 2007, 181 (2): 679 - 685.

[15] Alireza Faraz, Erwin Saniga. Economic and Economic Statistical Design of Hotelling's T^2 Control Chart with Variable Sampling Intervals [J]. Quality & Reliability Engineering, 2011, 27 (2): 125 - 139.

[16] Alireza Faraz, Kamyar Chalaki, Moghadam M. B. On the Properties of the Hotelling's T^2 Control Chart with VSI Scheme [J]. Quality & Quantity, 2011, 45 (3): 579 - 586.

[17] Amik Garg, Deshmukh S. G. Maintenance Management: Literature Review and Directions [J]. Journal of Quality in Maintenance Engineering, 2006, 12 (3): 205 - 238.

[18] Amirhossein Amiri, Ali Nedaie, Mahdi Alikhani. A New Adaptive Variable Sample Size Approach in EWMA Control Chart [J]. Communication in Statistics-Simulation and Computation, 2013, 43 (4): 804 - 812.

[19] Annadi H. P. , Keats J. B. , Runger G. C. , Montgomery D. C. An Adaptive Sample Size CUSUM Control Chart [J]. International Journal

of Production Research, 1995, 33 (6): 1605 - 1616.

[20] Anscombe F. J. , Godwin H. J. , Plackett R. L. Methods of Deferred Sentencing in Testing the Fraction Defective of a Continuous Output [J]. Supplement to the Journal of the Royal Statistical Society, 1947, 9 (2): 198 - 217.

[21] Antonio F. B. Costa. X-bar Charts with Variable Sample Size [J]. Journal of Quality Technology, 1994, 26 (3): 155 - 163.

[22] Aparisi F. , Lee Ho L. M-ATTRIVAR: An Attribute-Variable Chart to Monitor Multivariate Process Means [J]. Quality and Reliability Engineering International, 2018, 34 (2): 214 - 228.

[23] Aparisi F. Hotelling's T^2 Control Chart with Adaptive Sample Sizes [J]. International Journal of Production Research, 1996, 34 (10): 2853 - 2862.

[24] Arnold J. C. , Reynolds M. R. CUSUM Control Charts with Variable Sample Sizes and Sample Intervals [J]. Journal of Quality Technology, 2001, 33 (1): 66 - 81.

[25] Asghar Seif, Alireza Faraz, Cédric Heuchenne, Erwin Saniga, M. B. Moghadam. A Modified Economic-Statistical Design of the T^2 Control Chart with Variable Sample Sizes and Control Limits [J]. Journal of Applied Statistics, 2011, 38 (11): 2459 - 2469.

[26] Ashok D. Ingle, Daniel P. Siewiorek. Reliability Models for Multiprocessor Systems with and without Periodic Maintenance [R]. Carnegie-mellon Univ Pittsburgh Pa Dept of Computer Science, 1976.

[27] Badia F. G. , Berrade M. D. , Clemente A. Campos. Optimal Inspection and Preventive Maintenance of Units with Revealed and Unrevealed Failures [J]. Reliability Engineering & System Safety, 2002, 78 (2): 157 - 163.

[28] Bai D. S., Lee K. T. An Economic Design of Variable Sampling Interval X Control Charts [J]. International Journal of Production Economics, 1998, 54 (1): 57-64.

[29] Balamurali S., Chi Hyuck Jun. Multiple Dependent State Sampling Plans for Lot Acceptance Based on Measurement Data [J]. European Journal of Operational Research, 2007, 180 (3): 1221-1230.

[30] Ben-Daya M., Rahim M. A. Effect of Maintenance on the Economic Design of X-bar Control Chart [J]. European Journal of Operational Research, 2000, 120 (1): 131-143.

[31] Biswas P., Kalbfleisch J. D. A Risk-adjusted CUSUM in Continuous Time Based on the Cox Model [J]. Statistics in Medicine, 2008, 27 (17): 3382-3406.

[32] Brian H. Nathanson, Thomas L. Higgins. The Use of Scan Statistics and Control Charts in Assessing Ventilator-Associated Pneumonia Quality Control Programs [J]. Journal of Healthcare Engineering, 2010, 1 (4): 579-593.

[33] Burr I. W. Control Charts for Measurements with Varying Sample Sizes [J]. Journal of Quality Technology, 1969, 1 (3): 163-167.

[34] Carot V., Jabaloyes J. M., Carot T. Combined Double Sampling and Variable Sampling Interval X-bar Chart [J]. International Journal of Production Research, 2002, 40 (40): 2175-2186.

[35] Cassady C. R., Iyoob I. M., Schneider K., Pohl E. A. A Generic Model of Equipment Availability under Imperfect Maintenance [J]. IEEE Transactions on Reliability, 2005, 54 (4): 564-571.

[36] Chandrasekaran S., English J. R., Disney R. L. Modeling and Analysis of EWMA Control Schemes with Variance-Adjusted Control Limits [J]. IIE Transactions, 1995, 27 (3): 282-290.

[37] Chao Yu Chou, Chun Hua Chen, Chung Ho Chen. Economic Design of Variable Sampling Intervals T^2 Control Charts Using Genetic Algorithms [J]. Expert Systems with Applications, 1970, 23 (20): 1835-1848.

[38] Chao Yu Chou, Chung Ho Chen, Hui Rong Liu. Economic Design of EWMA Charts with Variable Sampling Intervals [J]. Quality & Quantity, 2006, 40 (6): 879-896.

[39] Charongrattanasakul P., Pongpullponsak A. Minimizing the Cost of Integrated Systems Approach to Process Control and Maintenance Model by EWMA Control Chart Using Genetic Algorithm [J]. Expert Systems with Applications, 2011, 38 (5): 5178-5186.

[40] Chau Chen Torng, Pei Hsi Lee, Nai Yi Liao. An Economic-Statistical Design of Double Sampling over X-bar Control Chart [J]. International Journal of Production Economics, 2009, 120 (2): 495-500.

[41] Chen Y. K., Chen C. Y. Cumulative Conformance Count Charts with Variable Sample Sizes [J]. International Journal of Trade Economics & Finance, 2012 (3): 187-193.

[42] Cheng Smiley, Mao Hong. The Economic Design of Multivariate Control Chart [J]. Quality Technology & Quantitative Management, 2016, 8 (2): 75-85.

[43] Chew X. Y., Michael B. C. Khoo, S. Y. Teh, P. Castagliola. The variable Sampling Interval Run Sum X-bar Control Chart [J]. Computers & Industrial Engineering, 2015, 90 (C): 25-38.

[44] Chien Wei Wu, Shih Wen Liu, Amy H. I. Lee. Design and Construction of a Variables Multiple Dependent State Sampling Plan Based on Process Yield [J]. European Journal of Industrial Engineering, 2015, 9 (6): 819-838.

[45] Chiu W. K. , Wetherill G. B. A Simplified Scheme for the Economic Design of X-bar Charts [J]. Journal of Quality Technology, 1974, 6 (2): 63 -69.

[46] Chiu W. K. , Cheung K. C. An Economic Study of X-bar Charts with Warning Limits [J]. Journal of Quality Technology, 1977, 9 (4): 166 -171.

[47] Chou C. Y. , Liu H. R. , Huang X. R. , Chen C. H. Economic-Statistical Design of Multivariate Control Charts Using Quality Loss Function [J]. The International Journal of Advanced Manufacturing Technology, 2002, 20 (12): 916 -924.

[48] Christian H. Weib, Martin Atzmuller. EWMA Control Charts for Monitoring Binary Processes with Applications to Medical Diagnosis Data [J]. Quality & Reliability Engineering, 2010, 26 (8): 795 -805.

[49] Christian Sonesson, David Bock. A Review and Discussion of Prospective Statistical Surveillance in Public Health [J]. Journal of the Royal Statistical Society, 2003, 166 (1): 5 -21.

[50] Chung Kunjen. A Simplified Procedure for the Economic Design of X-bar Charts [J]. International Journal of Production Research, 1990, 28 (7): 1239 -1246.

[51] Collani E. V. A General Approach to Optimal Process Control [J]. Metrika, 1988, 29 (1): 145 -159.

[52] Costa A. F. B. Chart with Variable Sample Size and Sampling Interval [J]. Journal of Quality Technology, 1997, 29 (2): 197 -204.

[53] David He, Arsen Grigoryan. Joint Statistical Design of Double Sampling and S Charts [J]. European Journal of Operational Research, 2006, 168 (1): 122 -142.

[54] Davis R. B. , Woodall W. H. Evaluating and Improving the Syn-

thetic Control Chart [J]. Journal of Quality Technology, 2002, 34 (2): 200 - 208.

[55] De Leval M. R., Francois K., C. Bull, W. Brawn, D. Spiegelhalter. Analysis of a Cluster of Surgical Failures [J]. Journal of Thoracic & Cardiovascular Surgery, 1994, 107 (3): 914 - 923.

[56] De Magalhães, Maysa S., Eugenio K. Epprecht, Antonio F. B. Costa. Economic Design of a Vp X Chart [J]. International Journal of Production Economics, 2020, 74 (1 - 3): 191 - 200.

[57] Divya Pandey, Makarand S. Kulkarni, Prem Vrat. A Methodology for Joint Optimization for Maintenance Planning, Process Quality and Production Scheduling [J]. Computers & Industrial Engineering, 2011, 61 (4): 1098 - 1106.

[58] Divya Pandey, Makarand S. Kulkarni, Prem Vrat. Joint Consideration of Production Scheduling, Maintenance and Quality Policies: A Review and Conceptual Framework [J]. International Journal of Advanced Operations Management, 2010, 2 (1): 1 - 24.

[59] Divya Shrivastava, Makarand S. Kulkarni, Prem Vrat. Integrated Design of Preventive Maintenance and Quality Control Policy Parameters with CUSUM Chart [J]. The International Journal of Advanced Manufacturing Technology, 2016, 82 (9): 2101 - 2112.

[60] Douglas C. Montgomery. Introduction to Statistical Quality Control [M]. Wiley, 2007.

[61] Erwin M. Saniga. Economic Statistical Control-Chart Designs with an Application to and R Charts [J]. Technometrics, 1989, 31 (3): 313 - 320.

[62] Farnoosh Naderkhani, Viliam Makis. Economic Design of Multivariate Bayesian Control Chart with two Sampling Intervals [J]. Interna-

tional Journal of Production Economics, 2016 (174): 29 –42.

[63] Farrington C. P. , Beale A. D. The Detection of Outbreaks of Infectious Disease [J]. Vieweg, Teubner Verlag, 1998: 97 –117.

[64] Fatemeh Mohammadian, Seyed Taghi Akhavan Niaki, and Amirhossein Amiri. Phase I Risk Adjusted Geometric Control Charts to Monitor Healthcare Systems [J]. Quality & Reliability Engineering International, 2016, 32 (1): 19 –28.

[65] Fong Jung Yu, Ching Shih Tsou, Kai I Huang, Zhang Wu. An Economic-Statistical Design of X-bar Control Charts with Multiple Assignable Causes [J]. Journal of Quality, 2010, 17 (4): 327 –338.

[66] Francisco Aparisi, Eugenio Epprecht, Andrés Carrión, Omar Ruiz. The Variable Sample Size Variable Dimension T^2 Control Chart [J]. International Journal of Production Research, 2014, 52 (2): 368 –383.

[67] Franco B. C. , Costa A. F. B. , Machado M. A. G. Economic-Statistical Design of the Chart Used to Control a Wandering Process Mean Using Genetic Algorithm [J]. Expert Systems with Applications, 2012, 39 (17): 12961 –12967.

[68] Fred Spiring, Andrew Palm, Robert Rodriguez, Donald Wheeler. Some Perspectives and Challenges for Control Chart Methods [J]. Journal of Quality Technology, 1997, 29 (2): 122 –127.

[69] Gandy A. , Kvaloy J. T. , Bottle A. , Zhou F. Risk-Adjusted Monitoring of Time to Event [J]. Biometrika, 2010, 97 (2): 375 –388.

[70] George Tagaras. A Survey of Recent Developments in the Design of Adaptive [J]. Journal of Quality Technology, 1998, 30 (3): 212 –231.

[71] Haim Shore. Control Charts for the Queue Length in a G/G/S

System [J]. IIE Transactions, 2006, 38 (12): 1117 –1130.

[72] Haritha Saranga. Opportunistic Maintenance Using Genetic Algorithms [J]. Journal of Quality in Maintenance Engineering, 2004, 10 (1): 66 –74.

[73] Henry W. Block, Thomas H. Savits. Age-Dependent Minimal Repair [J]. Journal of Applied Probability, 1985, 22 (2): 370 –385.

[74] Ho L. L. , Da Costa Quinino R. Combining Attribute and Variable Data to Monitor Process Variability: MIX S^2 Control Chart [J]. The International Journal of Advanced Manufacturing Technology, 2016, 87 (9 –12): 3389 –3396.

[75] Ho L. L. , Quinino R. C. An Attribute Control Chart for Monitoring the Variability of a Process [J]. International Journal of Production Economics, 2013, 145 (1): 263 –267.

[76] Hua Luo, Zhang Wu. Optimal np Control Charts with Variable Sample Sizes or Variable Sampling Intervals [J]. Economic Quality Control, 2002, 17 (1): 39 –61.

[77] Huang H. J. , Chen F. L. A Synthetic Control Chart for Monitoring Process Dispersion with Sample Standard Deviation [J]. Computers & Industrial Engineering, 2005, 49 (2): 221 –240.

[78] Imen Kooli, Mohamed Limam. Bayesian np Control Charts with Adaptive Sample Size for Finite Production Runs [J]. Quality & Reliability Engineering International, 2009, 25 (4): 439 –448.

[79] Imtiaz Ahmed, Ineen Sultana, Sanjoy Kumar Paul, Abdullahil Azeem. Performance Evaluation of Control Chart for Multiple Assignable Causes Using Genetic Algorithm [J]. International Journal of Advanced Manufacturing Technology, 2014, 70 (9): 1889 –1902.

[80] Jardine A. K. S. , Tsang A. H. C. Maintenance, Replacement,

and Reliability: Theory and applications [M]. Crc Press, 2013.

[81] Jing Er Chiu. A Fuzzy System for VSI X-bar Control Chart [J]. International Journal of Engineering & Technology, 2012, 4 (4): 427 - 429.

[82] Joseph Glaz, Joseph Naus, Sylvan Wallenstein. Scan Statistics [M]. Springer New York, 2001.

[83] Julie Simmons Ivy, Harriet Black Nembhard. A Modeling Approach to Maintenance Decisions Using Statistical Quality Control and Optimization [J]. Quality and Reliability Engineering International, 2005, 21 (4): 355 - 366.

[84] Kamran Paynabar, Jionghua Jin, Arthur B. Yeh. Phase I Risk-Adjusted Control Charts for Monitoring Surgical Performance [J]. Journal of Quality Technology, 2012, 44 (1): 39 - 53.

[85] Katebi, Mehdi, M. Bameni Moghadam. Optimal Statistical, Economic and Economic Statistical Designs of Attribute np Control Charts Using a Full Adaptive Approach [J]. Communications in Statistics-Theory and Methods, 2019, 48 (18): 4528 - 4549.

[86] Kathleen E. McKone, Roger G. Schroeder, Kristy O. Cua. The Impact of Total Productive Maintenance Practices on Manufacturing Performance [J]. Journal of Operations Management, 2001, 19 (1): 39 - 58.

[87] Kevin Linderman, Kathleen E. McKone-Sweet, John C. Anderson. An Integrated Systems Approach to Process Control and Maintenance [J]. European Journal of Operational Research, 2005, 164 (2): 324 - 340.

[88] Khaparde M. V., Dhabe S. D. Control Charts for Random Queue Length n for (M/M/1): (∞/FCFS) Queuing Model [J]. International Journal of Agricultural & Statistics Sciences, 2010, 6 (1): 319 - 334.

[89] Khoo Michael B. C. , How Chinh Lee, Zhang Wu, Chung-Ho Chen, Philippe Castagliola. A Synthetic Double Sampling Control Chart for the Process Mean [J]. IIE Transactions, 2011, 43 (1): 23 -38.

[90] Koetsier A. , Van Der Veer Sn, K. J. Jager, N Peek, N. F. De Keizer. A Systematic Review on Adherence to Methodological Criteria [J]. Methods of Information in Medicine, 2012, 51 (3): 189 -198.

[91] Kooli I. , Limam M. Economic Design of an Attribute np Control Chart Using a Variable Sample Size [J]. Sequential Analysis, 2011, 30 (2): 145 -159.

[92] Lee H. J. , Lim T. J. , Jang S. C. VSSI *X* Control Charts for Processes with Multiple Assignable Causes [C]. In IEEE International Conference on Industrial Engineering and Engineering Management, 2007: 1241 -1245.

[93] Lee PeiHsi, Chang YiChia, Torng ChauChen. A Design of S Control Charts with a Combined Double Sampling and Variable Sampling Interval Scheme [J]. Communication in Statistics-Theory and Methods, 2012, 41 (1): 153 -165.

[94] Lee, Ming Ha, Michael B. C. Khoo, Xinying Chew. Economic-Statistical Design of Variable Parameters *S* Chart [J]. Quality Technology & Quantitative Management, 2020, 17 (5): 580 -591.

[95] Li Zhang, Xiangdong Song. EWMA Median Control Chart with Variable Sampling Size [J]. Information Technology Journal, 2014, 13 (14): 2369 -2373.

[96] Ling Wang, Chu Jian, Jun Wu. Selection of Optimum Maintenance Strategies Based on a Fuzzy Analytic Hierarchy Process [J]. International Journal of Production Economics, 2007, 107 (1): 151 -163.

[97] Lingyun Zhang, Fah F. Gan, Chok K. Loke. Phase I Study of

Surgical Performances with Risk-Adjusted Shewhart Control Charts [J]. Quality Technology & Quantitative Management, 2012, 9 (4): 375 - 382.

[98] Liu J. Y., Xie M., Goh T. N., Liu Q. H., Yang Z. H. Cumulative Count of Conforming Chart with Variable Sampling Intervals [J]. International Journal of Production Economics, 2006, 101 (2): 286 - 297.

[99] Liu L., Ma Y., Yu M. Economic and Economic-Statistical Designs of an Control Chart for Two-Unit Series Systems with Condition-Based Maintenance [J]. European Journal of Operational Research, 2013, 226 (3): 491 - 499.

[100] Luc Noyez. Control Charts, Cusum Techniques and Funnel Plots: A Review of Methods for Monitoring Performance in Healthcare [J]. Interactive Cardio Vascular and Thoracic Surgery, 2009, 9 (3): 494 - 499.

[101] Lucas Jm. Counted Data Cusum's [J]. Technometrics, 1985, 27 (2): 129 - 144.

[102] Machado M. A. G., Costa A. F. B., Rahim M. A. The Synthetic Control Chart Based on Two Sample Variances for Monitoring the Covariance Matrix [J]. Quality & Reliability Engineering, 2009, 25 (5): 595 - 606.

[103] Maoyuan Zhou. Variable Sample Size and Variable Sampling Interval Shewhart Control Chart with Estimated Parameters [J]. Operational Research, 2017 (17): 17 - 37.

[104] Maria E. Calzada, Stephen M. Scariano. The Robustness of the Synthetic Control Chart to Non-Normality [J]. Communications in Statistics-Simulation and Computation, 2001, 30 (2): 311 - 326.

[105] Marilyn K. Hart, Robert F. Hart. Statistical Process Control for Health Care [M]. Duxbury, Thomson Learning, 2002.

[106] Marion R. Reynolds, Raid W. Amin, Jesse C. Arnold. CUSUM Charts with Variable Sampling Intervals [J]. Technometrics, 1990, 32 (4): 371-396.

[107] Marion R. Reynolds, Jesse C. Arnold. EWMA Control Charts with Variable Sample Sizes and Variable Sampling Intervals [J]. IIE Transactions, 2001, 33 (6): 511 - 530.

[108] Masaaki Kijima, Hidenori Morimura, Yasusuke Suzuki. Periodical Replacement Problem without Assuming Minimal Repair [J]. European Journal of Operational Research, 1988, 37 (2): 194-203.

[109] Masaaki Kijima. Some Results for Repairable Systems with General Repair [J]. Journal of Applied Probability, 1989, 26 (1): 89-102.

[110] Matthew L. Meuter, Mary Jo Bitner. Self-service Technologies: Understanding Customer Satisfaction with Technology-Based Service Encounters [J]. Journal of Marketing, 2000, 64 (3): 50-64.

[111] MetricStream. What is your company's cost of poor quality (CoPQ)-tools for calculating and reducing it [EB/OL]. Accessed December 9, 2016.

[112] Michael B. C. Khoo, M. Xie. A Study of Time-Between-Events Control Chart for the Monitoring of Regularly Maintained Systems [J]. Quality & Reliability Engineering, 2009, 25 (7): 805-819.

[113] Michael D. Joner Jr., William H. Woodall, Marion R. Reynolds Jr. Detecting a Rate Increase Using a Bernoulli Scan Statistic [J]. Statistics in Medicine, 2008, 27 (14): 2555-2575.

[114] Michael D. Joner., William H. Woodall, Marion R. Reynolds, Ronald D. Fricker. A One-Sided MEWMA Chart for Health Surveillance [J].

Quality & Reliability Engineering, 2008, 24 (5): 503 - 518.

[115] Mikael Ohman, Max Finne, Jan Holmstrom. Measuring Service Outcomes for Adaptive Preventive Maintenance [J]. International Journal of Production Economics, 2015 (170): 457 - 467.

[116] Mohammed M. A. Using Statistical Process Control to Improve the Quality of Healthcare [J]. Quality & Safety in Health Care, 2004, 13 (4): 243 - 245.

[117] Mostafa Abouei Ardakan, Ali Zeinal Hamadani, Mohammad Sima, Mohammad Reihaneh. A Hybrid Model for Economic Design of MEWMA Control Chart under Maintenance Policies [J]. The International Journal of Advanced Manufacturing Technology, 2016, 83 (9): 2101 - 2110.

[118] Muhammad Aslam, Muhammad Azam, Chi Hyuck Jun. Multiple Dependent State Sampling Plan Based on Process Capability Index [J]. Journal of Testing & Evaluation, 2013, 41 (2): 1 - 7.

[119] Nakagawa T. Optimum Policies When Preventive Maintenance is Imperfect [J]. IEEE Transactions on Reliability, 1979, 28 (4): 331 - 332.

[120] Naus Joseph I. The Distribution of the Size of the Maximum Cluster of Points on a Line [J]. Journal of the American Statistical Association, 1965, 60: 532 - 538.

[121] Noor Azina Ismail, A. N. Pettitt, R. A. Webster. "Online" Monitoring and Retrospective Analysis of Hospital Outcomes Based on a Scan Statistic [J]. Statistics in Medicine, 2003, 22 (18): 2861 - 2876.

[122] Osteras T. Murthy D. N. P. , Rausand M. Product Reliability: Specification and Performance [M]. Springer Science & Business Media, 2008.

[123] Page E. S. Continuous Inspection Schemes [J]. Biometrika,

1954, 41 (1 -2): 223 -233.

[124] Page E. S. Control Charts with Warning Lines [J]. Biometrika, 1955, 42 (1): 243 -257.

[125] Pan Ershun, Yao Jin, Shuyi Wang, and Ting Cang. An Integrated EPQ Model Based on a Control Chart for an Imperfect Production Process [J]. International Journal of Production Research, 2012, 50 (23): 6999 -7011.

[126] Pei Hsi Lee, Yi Hsien Huang, Tsen I. Kuo, Ching Cheng Wang. The Effect of the Individual Chart with Variable Control Limits on the River Pollution Monitoring [J]. Quality & Quantity, 2013, 47 (4): 1803 -1812.

[127] Pei Hsi Lee. Joint Statistical Design of X-bar Mathcontainer Loading Mathjax and S Charts with Combined Double Sampling and Variable Sampling Interval [J]. European Journal of Operational Research, 2013, 225 (2): 285 -297.

[128] Philippe Castagliola, Giovanni Celano, Sergio Fichera, Valeria Nunnari. A Variable Sampling Interval S^2-EWMA Control Chart for Monitoring the Process Variance [J]. International Journal of Reliability Quality & Safety Engineering, 2011, 15 (3): 181 -201.

[129] Philippe Castagliola, Ying Zhang, Antonio Costa, Petros Maravelakis. The Variable Sample Size X Chart with Estimated Parameters [J]. Quality & Reliability Engineering International, 2015, 28 (7): 687 -699.

[130] Philippe Castagliola. A New S^2-EWMA Control Chart for Monitoring the Process Variance [J]. Quality & Reliability Engineering International, 2005, 21 (8): 781 -794.

[131] Prabhu S. S. , Montgomery D. C. , Runger G. C. Economic-

Statistical Design of an Adaptive X-bar Chart [J]. International Journal of Production Economics, 1997, 49 (1): 1 -15.

[132] Prabhu S. S. , Runger G. C. , Keats J. B. *X* Chart with Adaptive Sample Sizes [J]. International Journal of Production Research, 1993, 31 (12): 2895 -2909.

[133] Pravin P. Tambe, Makarand S. Kulkarni. A Superimposition Based Approach for Maintenance and Quality Plan Optimization with Production Schedule, Availability, Repair Time and Detection Time Constraints for a Single Machine [J]. Journal of Manufacturing Systems, 2015 (37): 17 -32.

[134] Quanlin Li, Zhaotong Lian, Liming Liu. An RG-Factorization Approach for a BMAP/M/1 Generalized Processor-Sharing Queue [J]. Stochastic Models, 2007, 21 (2): 507 -530.

[135] Quinino R. C. , Cruz F. R. B. , Ho L. L. Attribute Inspection Control Charts for the Joint Monitoring of Mean and Variance [J]. Computers & Industrial Engineering, 2020 (139): 106 -131.

[136] Rassoul Noorossana, Amir Afshin Fatahi, Pershang Dokouhaki, Massoud Babakhani. ZIB-EWMA Control Chart for Monitoring Rare Health Events [J]. Journal of Mechanics in Medicine & Biology, 2012, 11 (11): 881 -895.

[137] Reynolds J. R. M. R. , Stoumbos Z. G. A CUSUM Chart for Monitoring a Proportion When Inspecting Continuously [J]. Journal of Quality Technology, 1999, 31 (1): 87 -108.

[138] Reynolds M. R. , Amin R. W. , Arnold J. C. , Nachlas J. A. Charts with Variable Sampling Intervals [J]. Technometrics, 1988, 30 (2): 181 -192.

[139] Richard Cassady, Royce O. Bowden, Leemin Liew, Edward

A. Pohl. Combining Preventive Maintenance and Statistical Process Control: A Preliminary Investigation [J]. IIE Transactions, 2002, 32 (6): 471 - 478.

[140] Roberts S. W. Control Chart Tests Based on Geometric Moving Averages [J]. Technometrics, 2000, 42 (1): 239 -250.

[141] Saccucci Michael S., Raid W. Amin, James M. Lucas. Exponentially Weighted Moving Average Control Schemes with Variable Sampling Intervals [J]. Communication in Statistics-Simulation and Computation, 1992, 21 (3): 627 -657.

[142] Saeed Ahmad Dobbah, Amna Hafeez, Muhammad Aslam, Nasrullah Khan, Khushnoor Khan. Mixed Multiple Dependent State Sampling Plan Using Exponentially Weighted Moving Average [J]. Journal of Computational & Theoretical Nanoscience, 2016, 13 (6): 1 -7.

[143] Sampaio E. S., Ho L. L., De Medeiros P. G. A Combined np_x-X-bar Control Chart to Monitor the Process Mean in a Two-Stage Sampling [J]. Quality and Reliability Engineering International, 2014, 30 (7): 1003 -1013.

[144] Sego L. H., Reynolds Mr Jr., W. H. Woodall. Risk-Adjusted Monitoring of Survival Times [J]. Statistics in Medicine, 2009, 28 (9): 1386 -1401.

[145] Seyed Taghi Akhavan Niaki, Fazlollah Masoumi Gazaneh, Moslem Toosheghanian. Economic Design of Variable Sampling Interval X-bar Control Charts for Monitoring Correlated Non Normal Samples [J]. Communication in Statistics-Theory and Methods, 2013, 42 (18): 2639 -2658.

[146] Seyed Taghi Akhavan Niaki, Moslem Toosheghanian, Fazlollah Masoumi Gazaneh. Economic Design of VSI X-bar Control Chart with Correlated Non-Normal Data under Multiple Assignable Causes [J]. Journal of

Statistical Computation & Simulation, 2013, 83 (7): 1279 - 1300.

[147] Shashibhushan B. Mahadik, Digambar T. Shirke. A Special Variable Sample Size and Sampling Interval Hotelling's T^2 Chart [J]. The International Journal of Advanced Manufacturing Technology, 2011, 38 (1): 1284 - 1299.

[148] Shashibhushan B. Mahadik. Variable Sampling Interval Hotelling's T^2 Charts with Runs Rules for Switching between Sampling Interval Lengths [J]. Quality and Reliability Engineering International, 2012, 28 (2): 131 - 140.

[149] Sheng Zhang, Zhang Wu. A CUSUM Scheme with Variable Sample Sizes for Monitoring Process Shifts [J]. The International Journal of Advanced Manufacturing Technology, 2007, 33 (9): 977 - 987.

[150] Siew Hong Ding, Shahrul Kamaruddin. Maintenance Policy Optimization—Literature Review and Directions [J]. The International Journal of Advanced Manufacturing Technology, 2015, 76 (5): 1263 - 1283.

[151] Stefan H. Steiner, Richard J. Cook, Vern T. Farewell. Monitoring Paired Binary Surgical Outcomes Using Cumulative Sum Charts [J]. Statistics in Medicine, 1999, 18 (1): 69 - 86.

[152] Steiner S. H., Jones M. Risk-Adjusted Survival Time Monitoring with an Updating Exponentially Weighted Moving Average Control Chart [J]. Statistics in Medicine, 2010, 29 (4): 444 - 454.

[153] Steiner S. H., Cook R. J., Farewell V. T., Treasure T. Monitoring Surgical Performance Using Risk-Adjusted Cumulative Sum Charts [J]. Biostatistics, 2000, 1 (4): 441 - 452.

[154] Stephen Vardeman, Di Ou Ray. Average Run Lengths for CUSUM Schemes When Observations Are Exponentially Distributed [J]. Technometrics, 1985, 27 (2): 145 - 150.

[155] Su Fen Yang, Yi Ning Yu. Monitoring Cascade Processes Using VSI EWMA Control Charts [J]. Journal of Chemometrics, 2009, 23 (9): 449 -462.

[156] Tapas K. Das, Vikas Jain. An Economic Design Model for X-bar Charts with Random Sampling Policies [J]. IIE Transactions, 1997, 29 (6): 507 -518.

[157] Thomas J. Lorenzen, Lonnie C. Vance. The Economic Design of Control Charts: A Unified Approach [J]. Technometrics, 1986, 28 (1): 3 -10.

[158] Thomas P. Ryan, William H. Woodall. Improving Healthcare with Control Charts: Basic and Advanced SPC Methods and Case Studies [J]. Journal of Quality Technology, 2004 (7): 336 -338.

[159] Tian W., Sun H., Zhang X., Woodall W. H. The Impact of Varying Patient Populations on the In-Control Performance of the Risk-Adjusted Cusum Chart [J]. International Journal for Quality in Health Care, 2015, 27 (1): 31 -46.

[160] Timothy S. Vaughan. Variable Sampling Interval np Process Control Chart [J]. Communications in Statistics-Theory and Methods, 1992, 22 (1): 147 -167.

[161] Todinov M. T. Reliability Analysis Based on the Losses from Failures [J]. Risk Analysis, 2006, 26 (2): 311 -335.

[162] Toni Lupo. Economic-Statistical Design Approach for a VSSI X-bar Chart Considering Taguchi Loss Function and Random Process Shifts [J]. International Journal of Reliability Quality & Safety Engineering, 2014, 21 (2): 1450006.

[163] Viliam Makis, Andrew K. S. Jardine. Optimal Replacement Policy for a General Model with Imperfect Repair [J]. Journal of the Opera-

tional Research Society, 1992, 43 (2): 111 - 120.

[164] Viliam Makis, Naderkhani Z. G. Farnoosh. Optimal Condition-Based Maintenance Policy for a Partially Observable System with two Sampling Intervals [J]. The International Journal of Advanced Manufacturing Technology, 2015, 78 (5): 795 - 805.

[165] Wai Chung Yeong, Michael B. C. Khoo, Yanjing Ou, Philippe Castagliola. Economic-Statistical Design of the Synthetic X-bar Chart with Estimated Process Parameters [J]. Quality & Reliability Engineering, 2014, 31 (5): 863 - 876.

[166] Wenbin Wang. A Simulation-Based Multivariate Bayesian Control Chart for Real Time Condition-Based Maintenance of Complex Systems [J]. European Journal of Operational Research, 2012, 218 (3): 726 - 734.

[167] Wen-Hui Zhou, Gui-Long Zhu. Economic Design of Integrated Model of Control Chart and Maintenance Management [J]. Mathematical and Computer Modelling, 2008, 47 (11): 1389 - 1395.

[168] Wenhui Zhou, Zhaotong Lian. Optimum Design of a New VSS-NP Chart with Adjusting Sampling Inspection [J]. International Journal of Production Economics, 2011, 129 (1): 8 - 13.

[169] Wenpo Huang, Lianjie Shu, William H. Woodall, Kwok Leung CUSUM Procedures with Probability Control Limits for Monitoring Processes with Variable Sample Sizes [J]. IIE Transactions, 2016, 48 (8): 759 - 771.

[170] Willem Albers. Risk-Adjusted Control Charts for Health Care Monitoring [J]. International Journal of Mathematics & Mathematical Sciences, 2011 (2).

[171] William H. Woodall, Douglas C. Montgomery. Research Issues

and Ideas in Statistical Process Control [J]. Journal of Quality Technology, 1999, 31 (4): 376 -386.

[172] William H. Woodall, Benjamin M. Adams, James C. Benneyan. The Use of Control Charts in Healthcare [M]. John Wiley & Sons, 2012.

[173] William H. Woodall, Thomas J. Lorenzen, Lonnie C. Vance. Weaknesses of the Economic Design of Control Charts [J]. Technometrics, 1986, 28 (4): 408 -409.

[174] William H. Woodall. The Use of Control Charts in Health-Care and Public-Health Surveillance [J]. Journal of Quality Technology, 2006, 52 (2): 253 -256.

[175] Woodall William H., Adams Benjamin M. The Statistical Design of CUSUM Charts [J]. Quality Engineering, 1993, 5 (4): 559 - 570.

[176] Wortham A. W., Baker R. C. Multiple Deferred State Sampling Inspection [J]. The International Journal of Production Research, 1976, 14 (6): 719 -731.

[177] Wu Z., Khoo M. B. C., Shu L., et al. An np Control Chart for Monitoring the Mean of a Variable Based on an Attribute Inspection [J]. International Journal of Production Economics, 2009, 121 (1): 141 - 147.

[178] Wu Z., Spedding T. A. A Synthetic Control Chart for Detecting Small Shifts in the Process Mean [J]. Journal of Quality Technology, 2000, 32 (1): 32 -38.

[179] Xie Y. J., Zhang H. Y., Goh T. N. A Study on EWMA TBE Charts with Transformed Weibull Data [C]. In IEEE International Conference on Management of Innovation and Technology, 2008: 1135 -1140.

[180] Xue Long Hu, Philippe Castagliola, Jinsheng Sun, Michael

B. C. Khoo. The Performance of Variable Sample Size X-bar Chart with Measurement Errors [J]. Quality & Reliability Engineering International, 2015, 32 (3): 969 -983.

[181] Yan A., Liu S., Dong X. Designing a Multiple Dependent State Sampling Plan Based on the Coefficient of Variation [J]. SpringerPlus, 2016, 5 (1): 1447.

[182] Yan Kwang Chen, Kun Lin Hsieh. Hotelling's T^2 Charts with Variable Sample Size and Control limit [J]. European Journal of Operational Research, 2007, 182 (3): 1251 -1262.

[183] Yan Kwang Chen, Chien Yue Chen, Kuo Ching Chiou. Cumulative Conformance Count Chart with Variable Sampling Intervals and Control Limits [J]. Applied Stochastic Models in Business and Industry, 2011, 27 (4): 410 -420.

[184] Yan Kwang Chen. Economic Design of Variable Sampling Interval T^2 Control Charts-A Hybrid Markov Chain Approach with Genetic Algorithms [J]. Expert Systems with Applications, 2007, 33 (3): 683 - 689.

[185] Yan Kwang Chen. Economic Design of T^2 Control Charts with the VSSI Sampling Scheme [J]. Quality & Quantity, 2009, 43 (1): 109 -122.

[186] Yarlin Kuo. Optimal Adaptive Control Policy for Joint Machine Maintenance and Product Quality Control [J]. European Journal of Operational Research, 2006, 171 (2): 586 -597.

[187] Yeung Thomas G., C. Richard Cassady, Kellie Schneider. Simultaneous Optimization of $\overline{X}$ Control Chart and Age-Based Preventive Maintenance Policies under an Economic Objective [J]. IIE Transactions, 2008, 40 (2): 147 -159.

[188] Ying Peng, Ming Dong, Ming Jian Zuo. Current Status of Machine Prognostics in Condition-Based Maintenance: A Review [J]. The International Journal of Advanced Manufacturing Technology, 2010, 50 (1): 297 –313.

[189] Yisha Xiang. Joint Optimization of X-bar Control Chart and Preventive Maintenance Policies: A Discrete-Time Markov Chain Approach [J]. European Journal of Operational Research, 2013, 229 (2): 382 –390.

[190] Yu Chang Lin, Chao Yu Chou. Robustness of the Variable Sample Size and Control Limit X Chart to Non Normality [J]. Communications in Statistics-Theory and Methods, 2006, 34 (3): 721 –743.

[191] Yuan Cheng. Design of Exponential Control Charts Based on Average Time to Signal Using a Sequential Sampling Scheme [J]. International Journal of Production Research, 2015, 53 (7): 2131 –2145.

[192] Yuhao Deng. Delayed Maintenance Policy Optimisation Based on Control Chart [J]. International Journal of Production Research, 2015, 53 (2): 341 –353.

[193] Yunzhao Luo, Zhonghua Li, Zhaojun Wang. Adaptive CUSUM Control Chart with Variable Sampling Intervals [J]. Computational Statistics & Data Analysis, 2009, 53 (7): 2693 –2701.

[194] Zengrong Wang, K. C. G. Ong. Autoregressive Coefficients based Hotelling's T^2 Control Chart for Structural Health Monitoring [J]. Computers & Structures, 2008, 86 (19): 1918 –1935.

[195] Zhang H. Y., Xie M., Goh T. N., Shamsuzzaman M. Economic Design of Time-Between-Events Control Chart System [J]. Computers & Industrial Engineering, 2011, 60 (4): 485 –492.

[196] Zhang Wu, Hua Luo. Optimal Design of the Adaptive Sample Size and Sampling Interval np Control Chart [J]. Quality and Reliability

Engineering International, 2004, 20 (6): 553 – 570.

[197] Zhang Wu, Sheng Zhang, Penghui Wang. A CUSUM Scheme with Variable Sample Sizes and Sampling Intervals for Monitoring the Process Mean and Variance [J]. Quality & Reliability Engineering International, 2010, 23 (2): 157 – 170.

[198] Zhang Xiang, William H. Woodall. Dynamic Probability Control Limits for Risk-Adjusted Bernoulli CUSUM Charts [J]. Statistics in Medicine, 2015, 34 (25): 3336 – 3348.

[199] Zhao Jun Wang. The Design Theory of Adaptive Control Charts [J]. Chinese Journal of Applied Probability & Statisties, 2002, 18 (3): 316 – 333.

[200] Zhen Li, Yunyan Shang, Pengjiang Guo, Zhiming Xia. An EWMA Standard Deviation Control Chart with Variable Sampling Sizes and Sampling Intervals [J]. Fangzhi Gaoxiao Jichukexue Xuebao, 2012, 25 (25).

[201] Zhi Fang Guo, Long Sheng Cheng, Zu Di Lu. Economic Design of the Variable Parameters X-bar Control Chart with a Corrected A&L Switching Rule [J]. Quality & Reliability Engineering, 2014, 30 (2): 235 – 246.

[202] Zhou W, Liu N, Zheng Z. A Synthetic Control Chart for Monitoring the Small Shifts in a Process Mean Based on an Attribute Inspection [J]. Communications in Statistics-Theory and Methods, 2020, 49 (9): 2189 – 2204.

[203] Zimmer L. S. , Montgomery D. C. , Runger G. C. Evaluation of a Three-State Adaptive Sample Size X-bar Control Chart [J]. International Journal of Production Research, 1998, 36 (3): 733 – 743.